Jana Wolken

Paradise Papers

Die Steuertricks von Riesenkonzernen und mögliche Gegenmaßnahmen

Bibliografische Information der Deutschen Nationalbibliothek:

Die Deutsche Nationalbibliothek verzeichnet diese Publikation in der Deutschen Nationalbibliografie; detaillierte bibliografische Daten sind im Internet über http://dnb.d-nb.de abrufbar.

Impressum:

Copyright © ScienceFactory

Ein Imprint der Open Publishing GmbH, München

Druck und Bindung: Books on Demand GmbH, Norderstedt, Germany

Covergestaltung: Open Publishing

Inhaltsverzeichnis

Abkürzungsverzeichnis

Abs.	Absatz
Abschn.	Abschnitt
AEAO	Anwendungserlass zur Abgabenordnung vom 31.01.2014, zuletzt geändert am 18.01.2018
AEUV	Vertrag über die Arbeitsweise der Europäischen Union vom 01.12.2009
AO	Abgabenordnung in der Fassung vom 01.10.2002, zuletzt geändert am 18.07.2017
Art.	Artikel
AStG	Gesetz über die Besteuerung bei Auslandsbeziehungen (Außensteuergesetz) vom 08.09.1972, zuletzt geändert am 27.06.2017
ATAD	Anti-Tax-Avoidance-Directive
B.V.	Besloten vennootschap met beperkte aansprakelijkheid
BB	Betriebs-Berater (Zeitschrift)
BeckRS	Elektronische Entscheidungsdatenbank in beck-online
BEPS	Base Erosion and Profit Shifting
BEPS-UmsG 1	BEPS-Umsetzungsgesetz 1
Beschl.	Beschluss
BFH	Bundesfinanzhof
BGB	Bürgerliches Gesetzbuch in der Fassung 02.01.2002, zuletzt geändert am 20.07.2017
BGBl.	Bundesgesetzblatt
BMF	Bundesfinanzministerium
BVerfG	Bundesverfassungsgericht
C.V.	Commanditaire Vennootschap
Ca.	Circa
CAA	Competent Authority Agreement

CbCR	Country-by-Country-Reporting
CRS	Common Reporting Standard
d.h.	Das heißt
Dok.	Dokument
DStR	Deutsches Steuerrecht (Zeitschrift)
ECOFIN	Economic and Financial Affairs Council (Rat für Wirtschaft und Finanzen)
EGAO	Einführungsgesetz zur Abgabenordnung vom 14.12.1976, zuletzt geändert am 30.06.2017
EStG	Einkommensteuergesetz in der Fassung vom 08.10.2009, zuletzt geändert am 14.08.2017
EU	Europäische Union ab Oktober 1993
EuGH	Europäischer Gerichtshof
EuR	Europa und Recht (Zeitschrift)
EuZW	Europäische Zeitschrift für Wirtschaftsrecht
FACTA	Foreign Account Tax Compliance Act
FATF	Financial Action Task Force
ff.	fortfolgende
FKAustG	Gesetz zum automatischen Austausch von Informationen über Finanzkonten in Steuersachen (Finanzkonten-Informationsaustauschgesetz) vom 21.12.2015, zuletzt geändert am 20.12.2016
Gem.	Gemäß
GG	Grundgesetz vom 23.05.1949, zuletzt geändert am 20.07.2017
GKB	Gemeinsame Körperschaftsteuerbemessungsgrundlage
GKKB	gemeinsame konsolidierte Körperschaftsteuerbemessungsgrundlage
GmbH	Gesellschaft mit beschränkter Haftung

GWG	Gesetz über das Aufspüren von Gewinnen aus schweren Straftaten (Geldwäschegesetz) vom 23.06.2017
HGB	Handelsgesetzbuch vom 10.05.1897, zuletzt geändert durch 29.07.2017
hhtp	Hypertext transfer protocol
i.V.m.	In Verbindung mit
IAS	International Accounting Standards
ICIJ	International Consortium of Investigative Journalists
IFRS	International Financial Reporting Standards
Inc.	Incorporate
IRZ	Zeitschrift für Internationale Rechnungslegung
IStR	Internationales Steuerrecht (Zeitschrift)
IWB	Internationales Steuer- und Wirtschaftsrecht (Zeitschrift)
Kap.	Kapitel
KG	Kommanditgesellschaft
KStG	Körperschaftsteuergesetz in der Fassung vom 15.10.2002, zuletzt geändert am 29.07.2017
KWG	Gesetz über das Kreditwesen (Kreditwesengesetz) in der Fassung der Bekanntmachung vom 9.09.1998, zuletzt geändert am 17.07.2017
Lit	litera
Ltd.	Limited
m. E.	Meines Erachtens
m. w. N.	Mit weiteren Nachweisen
Mio	Millionen
Mrd.	Milliarden
n.	Nach
NEON	NIKE European Operations Netherlands B.V.
NFE	Non-Financial-Entity

Nr.	Nummer
NWB	Neue Wirtschafts-Briefe (Zeitschrift)
NZWiSt	Neue Zeitschrift für Wirtschafts-, Steuer- und Unternehmensstrafrecht
o.g.	Oben genannte/r/s
OECD	Organization for Economic Co-operation and Development
OwiG	Gesetz über Ordnungswidrigkeiten in der Fassung vom 19.02.1987, zuletzt geändert am 27.08.2017
PoC	Percentage of Completion
Regs.	Regulations
RL	Richtlinie
RLE	Richtlinienentwurf
Rn.	Randnummer
S.	Seite(n)/ Satz
Sog.	Sogenannte/r/s
StGB	Strafgesetzbuch in der Fassung vom 13. November 1998, zuletzt geändert am 30.10.2017
StuB	Steuern und Bilanzen (Zeitschrift)
StUmgBG	Gesetz zur Bekämpfung der Steuerumgehung und zur Änderung weiterer steuerlicher Vorschriften (Steuerumgehungsbekämpfungsgesetz) vom 23.06.2017
T	Tausend
U.a.	Unter anderem
Urt.	Urteil
U.S./ U.S.A.	United States of America
v.	Vom
Vgl.	Vergleiche
www	World wide web
z.B.	Zum Beispiel

z.T.   Zum Teil

ZRP   Zeitschrift für Rechtspolitk

Abbildungsverzeichnis

1 Einleitung

Durch die am 5. November 2017 veröffentlichten sogenannten Paradise Papers wurden die Diskussionen um ein effektiveres und konsequenteres Handeln gegen Steuerumgehung neu entfacht.[1] Das dritte Datenleak seit Frühjahr 2015 umfasst dabei ca. 13,4 Mio. zugespielte Dokumente, die größtenteils aus der Anwaltskanzlei Appleby stammen.[2] Sie wurden primär der Süddeutschen Zeitung zugespielt. Wie auch schon bei dem im April 2016 veröffentlichten Panama Papers fungierte das International Consortium of Investigative Journalists (ICIJ) als zentrale Koordinationsstelle der Recherchen.[3]

„Manchmal ist die Phantasie des Steuerzahlers größer als die Regelungskraft des Gesetzgebers."[4]

Diese Arbeit soll aufzeigen, wie Steuerpflichtige ihre Steuerlast auf ein Minimum senken, wie dem auf gesetzgeberischer Ebene entgegengetreten werden kann und ob das o.g. Zitat des ehem. Bundesfinanzministers Wolfgang Schäubles daher zutrifft. Dabei befasst sich der erste Teil mit der Legitimität von Steueroasen und der Vorstellung des konkreten Steuervermeidungsmodells des Sportartikelherstellers Nike. Das Unternehmen Nike steht dabei exemplarisch für eine Vielzahl weltweit tätiger Unternehmen, die sich die Divergenzen der unterschiedlichen Steuersysteme zu Nutze machen.

In dem zweiten Teil werden ausgewählte Gegenmaßnahmen vorgestellt und mit Hinblick auf ihre Effektivität bewertet. Es existieren viele angestrebte und z. T. schon umgesetzte Projekte, die von internationalen, europäischen und nationalen Institutionen unterstützt werden. Im Rahmen der Vorstellung werden die Gemeinsamkeiten aber auch die Widersprüche der Vorhaben dargelegt. Auch ergeben sich aus der Übersetzung internationaler Vorgaben in nationales Recht Problemfelder. Diese sollen beleuchtet und Anwendungsempfehlungen ausgesprochen werden. In dem abschließenden Fazit wird dargestellt, inwieweit die beschriebenen Gegenmaßnahmen in einer Gesamtschau geeignet sind, in Zukunft Steuervermeidung zu verhindern oder zumindest einzuschränken.

---

[1] Vgl. Newsdienst Compliance 2017, 51011.
[2] Vgl. Newsdienst Compliance 2017, 51011.
[3] Vgl. Süddeutsche Zeitung, Das ist das Leak, S. 7.
[4] Wolfgang Schäuble in: FOCUS Nr. 46, (2011).

2 Aggressive Steuerplanung

2.1 Die Hintergründe der Paradise Papers

2.1.1 Portrait der Anwaltskanzlei Appleby und das Verhältnis zu den Panama Papers

Die im Rahmen der Paradise Papers zugespielten Dokumente betreffen vor allem die Anwaltskanzlei Appleby, aber auch die Treuhandfirma Asiacity Trust. Die Journalisten der Süddeutschen Zeitung haben zudem interne Firmenregisterdaten von 19 Staaten erhalten und ausgewertet. Die unter dem Begriff der Paradise Papers zusammengefassten Veröffentlichungen basieren also streng genommen auf 21 verschiedenen Datensammlungen.[5]

Die Rechtsanwaltskanzlei Appleby wurde in den späten 1980er Jahren von dem Major Reginald Appleby in Bermuda gegründet. Heute beschäftigt die Kanzlei ca. 470 Mitarbeiter, darunter 60 Partner in zehn verschiedenen Büros auf der ganzen Welt. Die Niederlassungen befinden sich überwiegend in den Offshoregebieten wie auf den Bermudas, den britischen Jungferninseln, den Cayman Islands, Guernsey, die Isle of Man, Jersey, Mauritius und den Seychellen. Die Kanzlei gilt als eine der weltweit größten Anbieter von Offshore Rechtsdienstleistungen. Die einzelnen Niederlassungen wurden in den jeweiligen Ländern oft als Rechtsberatungskanzlei des Jahres ausgezeichnet.[6]

Ein Großteil der nun im Rahmen der Paradise Papers öffentlich gewordenen Dokumente stammt aus dieser Kanzlei. Es handelt sich dabei um ca. 6,8 Millionen Dokumente. Vorgeworfen wird der Kanzlei vor allem, keine angemessene Risikoanalyse von neuen Mandanten durchgeführt zu haben. So habe die Kanzlei auch sanktionierte Geschäftsleute betreut und Geschäfte veranlasst, bei denen die verwendeten Gelder nicht ausschließlich aus legalen Geschäften stammten.[7]

---

[5] Vgl. Süddeutsche Zeitung, Das ist das Leak, S. 6.

[6] Vgl. Appleby: About Appleby, https://www.applebyglobal.com/about/, zuletzt abgerufen am 13.03.2018.

[7] Vgl. Gamperl, E./, Obermaier, F./ Obermayer, B./, Richter, N., Wormer, V. in: Süddeutsche Zeitung, Die Firma, S.2.

Die Panama Papers hingegen stützten sich auf eine einzelne Quelle, die ihnen mehr als 2,5 Terabyte Daten der Kanzlei Mossack Fonseca zuspielte.[8] Die Panama Papers sind also nach wie vor das bisher größte Datenleak. Im Gegensatz zu Mossack Fonseca galt Appleby hingegen als Branchenführer als besonders sorgfältig in Bezug auf Complianceregelungen.[9] Durch die Paradise Papers zeigt sich also gerade auch, dass selbst renommierte Kanzleien Defizite in der Identifizierung ihrer Mandanten haben.[10]

2.1.2 Die unscharfe Trennung von Legalität und Legitimität

Eine zentrale Erkenntnis der Paradise Papers ist, dass sich global agierende Unternehmen an alle Steuervorschriften halten und sich trotzdem einer Besteuerung entziehen können, die ihrer wirtschaftlichen Situation entspricht.[11] In diesem Zusammenhang wird den Unternehmen oft aggressive Steuerplanung vorgeworfen, die zwar rechtlich legal, nicht aber moralisch legitim sei.[12]

Unter aggressiver Steuerplanung versteht man das gezielte Ausnutzen gesetzlicher Regelungslücken, um Unternehmensgewinne nicht in den Ländern auszuweisen, in denen sie hauptsächlich erwirtschaftet wurden.[13] Es handelt sich also um unangemessene Gestaltungen, die ohne eine wirtschaftliche Begründung künstlich erschaffen werden, damit ein vom Gesetzeszweck nicht beabsichtigter Steuervorteil erreicht wird.[14] Die Grenze von legitimer Steuerplanung hin zur unangemessenen, nach § 42 AO missbräuchlicher, Steuergestaltung ist bisher unbestimmt.[15]

Der Begriff ist von der Steuerhinterziehung abzugrenzen. Steuerhinterziehung liegt vor, wenn der Steuerpflichtige unrichtige oder unvollständige Angaben macht.[16] Der Terminus weist aber viele Gemeinsamkeiten mit dem Begriff der Steuervermeidung auf. So wird unter Steuervermeidung zum einen vom Gesetz-

---

[8] Vgl. Obermayer, B./ Obermaier, F., (2016), Panama Papers, S. 308.

[9] Vgl. Tagesanzeiger, Datenleck enthüllt heikle Schweizer Geschäfte, S. 4.

[10] Vgl. Tagesanzeiger, Datenleck enthüllt heikle Schweizer Geschäfte, S. 5.

[11] Vgl. Gamperl, E./ Obermaier, F./ Obermayer, B. in: Süddeutsche Zeitung, Just Do It, S.15.

[12] Vgl. Blumers, W., (2013), BB S. 2785 (2785).

[13] Vgl. Kohnz, C., (2017), Rn. 19.

[14] Vgl. Blumers, W., (2013), BB S. 2785 (S. 2787).

[15] Vgl. Blumers, W., (2013), BB S. 2785 (S. 2785).

[16] Vgl. Ratschow in: Klein, AO, § 42, Rn. 15.

geber gewollte Steuervergünstigungen und zum anderen Praktiken entgegen dem Gesetzeswillen verstanden.[17] Aggressive Steuergestaltung kann also als Unterbegriff der Steuervermeidung verstanden werden.

Es wird vertreten, dass Steuerplanung ein Teil der betriebswirtschaftlichen Planung eines Unternehmens sei, die nicht illegitim sein könne, solange sie sich an die gesetzlichen Vorschriften halte.[18] Die Komplexität und Unübersichtlichkeit des Steuerrechts erfordere zudem eine aktive Steuergestaltung.[19] Es liege daher an der Gesetzgebung, klare und bestimmte Regelungen zu implementieren, die die aggressive Form der Steuergestaltung unterbinden.[20]

Aus volkswirtschaftlicher Sicht, wird diese Auffassung durch das Prinzip moralischer Arbeitsteilung unterstützt. Diesem Prinzip zufolge ist es Aufgabe der Unternehmen, sich im Großen und Ganzen auf legale Gewinnmaximierung zu konzentrieren während es Aufgabe der Gesetzgebung ist, einen moralisch wünschenswerten gesetzlichen Rahmen für unternehmerische Aktivitäten zu schaffen.[21] Jedoch setzt dieses Prinzip zugleich voraus, dass die Gesetze objektiv geeignet sind, moralisch wünschenswerte Resultate zu erwirken und dass die Unternehmen diese vollständig im Sinne des Gesetzgebers befolgen. Letzteres bedeutet, dass gesetzliche Regelungen entweder keine Lücken aufweisen bzw. dass Unternehmen bestehende Lücken nicht ausnutzen.[22]

Die durch die Paradise Papers aufgezeigte Ausgangslage beschreibt hingegen, dass Unternehmen Gesetzeslücken zu ihrem Vorteil ausnutzen. Auch ist anzunehmen, dass keine vollkommene Gesetzgebung möglich ist, in der es keine Regelungslücken gibt.[23] Unter diesen Gesichtspunkten kann die Verantwortung für das Vorkommen von aggressiver Steuergestaltung nicht allein auf den Staat übertragen werden. Auch Unternehmen müssen die moralischen Grundwerte einer Gesellschaft beachten.

---

[17] Vgl. Kohnz, C., (2017), Rn. 19.

[18] Vgl. Jacobs, O. / Endres, D. / Spengel, C., (2016), S. 891.

[19] Vgl. Blumers, W., (2013), BB S. 2785 (S. 2785).

[20] Vgl. Jacobs, O. / Endres, D. / Spengel, C., (2016),S. 892; Blumers, W., (2013), BB S. 2785 (2786).

[21] Vgl. Witt in: Nienhüser/ Schmiel, (2017), S. 253.

[22] Vgl. Witt in: Nienhüser/ Schmiel, (2017), S. 258.

[23] Vgl. Witt in: Nienhüser/ Schmiel, (2017), S. 259.

Das Bundesverfassungsgericht erkennt die Gleichmäßigkeit der Besteuerung als Grundgedanken des deutschen Steuerrechts an. Ungleiche Belastungen sowie ungleiche Begünstigungen sind demnach verboten.[24] Daraus folgt, dass Personen mit gleicher Leistungsfähigkeit gleich und Personen mit unterschiedlicher Leistungsfähigkeit unterschiedlich besteuert werden.[25] Dieses Prinzip bildet die Grundlage der moralischen Verpflichtungen, die Unternehmen befolgen sollten. In der Praxis unterscheiden sich die moralischen Ausprägungen von verschiedenen Anspruchsgruppen jedoch erheblich.[26] Somit wird eine präzise Trennung zwischen moralischem und unmoralischem Verhalten oft nicht möglich sein und kann in dieser Weise auch nicht von den Unternehmen erwartet werden. Auch im Sinne der Rechtssicherheit wäre es daher wünschenswert, wenn auch in Zukunft bei der Beurteilung steuerlicher Gestaltungen auf ihre Legalität und nicht auf ihre Legitimität abgestellt wird.

2.1.3 Die Definition und Bewertung von Basisgesellschaften

Der Großteil der durch die Paradise Papers veröffentlichten aggressiven Steuerplanungsmodelle beruht auf dem Einsatz von Basis- bzw. Domizilgesellschaften. Eine Domizilgesellschaft liegt vor, wenn die Gesellschaft nach dem jeweiligen Recht ihres Sitzstaates zwar anerkannt wird, jedoch keine wirtschaftliche Tätigkeit in diesem Staat ausübt.[27] Ein Hinweis für das Vorliegen einer solchen Gesellschaft ist gegeben, wenn die Person des geschäftsführenden Organs eine Vielzahl von leitenden Positionen in anderen Gesellschaften und womöglich auch in anderen Branchen innehält.[28] Der synonym verwendete Begriff der Briefkastengesellschaft leitet sich aus der Tatsache ab, dass die Gesellschaften häufig über kein eigenes Personal oder Büroräume verfügen und daher lediglich einen Briefkasten unterhalten.[29]

Basisgesellschaften sind jedoch nicht per se illegal.[30] Das zeigt sich m. E. in Deutschland eindeutig in der Anerkennung einer GmbH & Co. KG. Diese Typen-

---

[24] Vgl. BVerfG, Beschl. v. 15.12.2015 - 2 BvL 1/12, IStR 2016, S. 191 (S. 202).

[25] Vgl. Heitfeldt/ Schmiel in: Nienhüser/ Schmiel, (2017), S. 96.

[26] Vgl. Rybnikova/ Hüsing in: Nienhüser/ Schmiel, (2017), S.161.

[27] Vgl. Beckschäfer, S., (2017), ZRP S. 41 (S. 41).

[28] Vgl. BFH, Urt. vom 30.07.2003 – VII R 45/02, BeckRS 2003, 24000276.

[29] Vgl. Merten, H.-L, (2017), S. 127.

[30] Vgl. Baum, M., (2016), NWB S. 3440 (S. 3440).

vermischung hat ihren Ursprung in der Zusammenführung von Haftungs- und Steuervorteilen.[31] Die Komplementär-GmbH verfügt weiterhin meist über keinen eigenen Geschäftsbetrieb.[32] Dennoch wird sie handels- und steuerrechtlich anerkannt.[33] Nach Meinung des Gesetzgebers sind ausländische Basisgesellschaften allerdings typischerweise mit der Verschleierung von Finanzströmen und Vermögensverhältnissen verbunden, was ihre Legalität in Frage stellt.[34]

Innerhalb der EU sind Basisgesellschaften aufgrund der Niederlassungsfreiheit aus Art. 49 AEUV einerseits ebenfalls anzuerkennen.[35] Der EuGH gesteht den Mitgliedsstaaten andererseits aber das Recht zu, Klauseln zur Verhinderung von Gestaltungsmissbrauch zu implementieren, auch wenn diese die geltenden Grundfreiheiten negativ beeinflussen.[36] Er stellt jedoch hohe Anforderungen an solche Klauseln. Insbesondere ist selbst dann kein Missbrauch anzunehmen, wenn die Wahl des Sitzstaates darauf beruht, von den dortigen günstigeren Vorschriften zu profitieren und die Gesellschaft dort keine unternehmerische Tätigkeit entfaltet.[37]

Bei Basisgesellschaften ist weiterhin üblich, dass sie der Einkünfteverlagerung in Niedrigsteuerländern dienen.[38] Praxisrelevant ist daher besonders der Bezug zu Drittstaaten. Demnach ist eine Unangemessenheit der Gestaltung mittels einer Basisgesellschaft wohl anzunehmen, wenn der inländische Steuerpflichtige seine unternehmerischen Interessen im Inland über eine ausländische Gesellschaft mit minimaler Substanz leitet.[39] Ein Missbrauch kann sich in diesem Fall aus § 42 AO ergeben.

---

[31] Vgl. Liebscher in: Reichert, GmbH & Co. KG, § 1, Rn. 11.

[32] Vgl. Bauer, L., (2017), StuB S. 609 (S. 614).

[33] Vgl. Liebscher in: Reichert, GmbH & Co. KG, § 1, Rn. 16.

[34] Vgl. Deutscher Bundestag, Drucksache 18/11132, S. 1.

[35] Vgl. Hummel in: Gosch, KStG, § 1, Rn. 110.

[36] Vgl. EuGH, Urt. V. 30. 9. 2003 - C-167/01, BKR 2003 S. 903 (S. 908).

[37] Vgl. EuGH, Urt. V. 30. 9. 2003 - C-167/01, BKR 2003 S. 903 (S. 907, 908).

[38] Vgl. Jacobs, O. / Endres, D. / Spengel, C., (2016), S.399.

[39] Vgl. Jacobs, O. / Endres, D. / Spengel, C., (2016), S.405.

2.2 Vorstellung des Steuersparmodells NIKE

2.2.1 Nike Unternehmensstruktur

Die NIKE Inc. wurde 1967 im US-Bundesstaat Oregon gegründet. Die Haupttätigkeit des Unternehmens umfasst das Design, die Entwicklung, die Vermarktung und den weltweiten Vertrieb von Sportschuhen, -bekleidung, -ausrüstung und -zubehör. Der Vertrieb erfolgt dabei über den Einzelhandel, NIKE eigene Verkaufsstellen, die offizielle Website (www.nike.com) sowie anderen unabhängigen oder lizensierten Verkaufsstellen.[40] Im Jahresabschluss per 31.03.2016 wies die NIKE Inc. einen Umsatz von 32.376 Millionen US-Dollar aus, davon wurden rund 53 % außerhalb von Amerika generiert.[41] Das Ergebnis nach Steuern betrug in diesem Geschäftsjahr 3.76 Millionen US-Dollar, der effektive Steuersatz lag bei 18,70 %.[42]

Für den West-, Ost- und Zentraleuropäischen Markt unterhält die NIKE Inc. in Hilversum in den Niederlanden eine Hauptniederlassung. Diese Niederlassung erfüllt laut NIKE Inc. unter anderem Markenfunktionen für nichtamerikanische Geschäfte.[43] In Deutschland besteht lediglich eine Gesellschaft mit dem Namen NIKE Deutschland GmbH.[44] Sie wurde am 17.03.2004 gegründet.[45] Ihr Unternehmenszweck besteht allein in Vermittlungstätigkeiten zwischen dem Einzelhandel und der NIKE European Operations Netherlands B.V. (Neon) und der Converse Netherlands B.V. Diese Gesellschaften gehören zu der Holdinggesellschaft Nike Victory Coöperatief. Wie im Anhang Nr. 1 dargestellt, vereint sie unter ihrem Dach vier Tochtergesellschaften, elf Enkelgesellschaften, sieben Urenkelgesellschaften und eine Ururenkelgesellschaft.

Die Umsätze der NIKE -Gruppe in Deutschland werden ausdrücklich bei den niederländischen Gesellschaften realisiert.[46] Die Nike Deutschland GmbH erhielt für

---

40 Vgl. NIKE, (2016), Geschäftsbericht, S. 57.
41 Vgl. NIKE, (2016), Geschäftsbericht, S. 58, 72.
42 Vgl. NIKE, (2016), Geschäftsbericht, S. 75.
43 Vgl. NIKE, (2016), Geschäftsbericht, S. 69.
44 Vgl. Registerportal, Unternehmensträgerdaten Nike Deutschland GmbH.
45 Vgl. Bundesanzeiger, Nike Deutschland GmbH, Jahresabschluss 2006.
46 Vgl. Bundesanzeiger, Nike Deutschland GmbH, Jahresabschluss 2015/2016.

diese Dienste im Geschäftsjahr 2015/2016 Provisionen in Höhe von ca. 76,4 Millionen Euro und zahlte in Deutschland 3,8 Millionen Euro Steuern.[47]

2.2.2 Das Steuersparmodell bis 2013

Laut den Paradise Papers übertrug NIKE ab 2007 die Nutzungsrechte für ihre Firmenlogos auf Gesellschaften auf den Bermudas.[48] Der Tochtergesellschaft Nike International Ltd. wurden dabei nebst anderer Nutzungsrechte vor allem die Rechte an dem bekannten „Swoosh" Firmenlogo übertragen.[49] Über die Jahre 2010, 2011 und 2012 stellte die Nike International Ltd. dem europäischen Nike Hauptsitz in den Niederlanden für die Nutzung des Firmenlogos 3,86 Mrd. US-Dollar in Rechnung.[50] Die Nike International Ltd. verfügte den Recherchen nach zu keinem Zeitpunkt über Büroräume oder Personal.[51]

Die niederländischen Gesellschaften NEON und die NIKE Retail befanden sich zu der Zeit laut den Paradise Papers in einer Steuergemeinschaft.[52] Gemeint ist damit wohl eine Organschaft nach Art. 15 ff. des niederländischen Körperschaftsteuergesetzes. Diese ermöglicht, Gewinne und Verluste zwischen Mutter- und Tochtergesellschaften zu konsolidieren, vorausgesetzt die Muttergesellschaft hält mind. 95 % der Anteile an der Tochtergesellschaft, sie haben das gleiche Geschäftsjahr und sie wenden die gleichen Gewinnermittlungsvorschriften an.[53] Die Rechtsform der NEON und der Nike Retail ist die der B.V. und entspricht einer Kapitalgesellschaft.[54] Durch die Organschaft wirkten sich die hohen Lizenzzahlungen auf die Gewinne aller der an der Organschaft beteiligten Gesellschaften aus. Sie mindern die Steuerbemessungsgrundlage und somit auch die Steuerbelastung in den Niederlanden. Diese wird nach Art. 22 des niederländischen Körperschaftsteuergesetzes bis 200 000 Euro mit 20 %, danach mit 25 % vergleichsweise hoch versteuert. Die Niederlande erhebt jedoch keine Quellensteuer auf die gezahlten Lizenzgebühren, sodass die Zahlungsströme auf die Bermudas unver-

---

47 Vgl. Bundesanzeiger, Nike Deutschland GmbH, Jahresabschluss 2015/2016.

48 Vgl. Gamperl, E./ Obermaier, F./ Obermayer, B. in: Süddeutsche Zeitung, Just Do It,S. 12.

49 Vgl. Bowers, S. in: ICIJ, How Nike Stays One Step Ahead of the Regulators, S. 3.

50 Vgl. Gamperl, E./ Obermaier, F./ Obermayer, B. in: Süddeutsche Zeitung, Just Do It, S.13.

51 Vgl. Bowers, S. in: ICIJ, How Nike Stays One Step Ahead of the Regulators,S. 2.

52 Vgl. Gamperl, E./ Obermaier, F./ Obermayer, B. in: Süddeutsche Zeitung, Just Do It, S.13.

53 Vgl. Hagedorn, A./ Tervoort, A., (2017), Kap. XII Rn. 9.

54 Vgl. Hagedorn, A./ Tervoort, A., (2017), Kap. I Rn. 1.

steuert vorgenommen werden können.[55] Daher zählt die Zwischenschaltung einer niederländischen CV, auch „Dutch Sandwich" genannt, zu einer der am häufigsten verwendeten Methoden, Gewinne aus der EU zu verlagern.[56]

Auf den Bermudas beträgt der Unternehmenssteuersatz 0 %.[57] So können hohe Gewinne unversteuert im Ausland angesammelt werden. Das amerikanische Steuerrecht erkennt dabei die Abschirmwirkung der ausländischen Kapitalgesellschaft an, dieser Steuerstundungseffekt endet jedoch regelmäßig mit Ausschüttung an die US-Muttergesellschaft, da diese steuerpflichtige Dividenden darstellen.[58] Der Quellensteuersatz auf den Bermudas beträgt dabei 0 %.[59] Vorstellbar ist, die Gewinne dann über kurzfristige Darlehen an Muttergesellschaft in die USA zurückzuführen, da reguläre Darlehen als fiktive Dividende der Hinzurechnungsbesteuerung unterliegen.[60] Der Abbildung 1 weiter unten zufolge gelang es dem NIKE Konzern, die Steuerbelastung von ca. 35 % in 2006 um 10 Prozentpunkte auf ca. 25 % in 2008 zu senken.

2.2.3 Die C.V./B.V.-Struktur heute

Aus dem Datenleak geht weiterhin hervor, dass in 2014 große Umstrukturierungsmaßnahmen vorgenommen wurden. Auslöser war die in dem Jahr abgelaufene Absprache mit der niederländischen Steuerbehörde, das oben dargestellte Konstrukt anzuerkennen.[61] Solche Absprachen in Form von steuerlichen Vorbescheiden sind in den Niederlanden möglich und betreffen regelmäßig die Anerkennung von Verrechnungspreisen.[62]

Die Umsätze innerhalb Europas werden nach wie vor in den Niederlanden generiert. Dies zeigt sich durch den Jahresabschluss der NEON.[63] Im Jahr 2016 erwirtschaftete sie einen Umsatz von 8.401.307 TEUR. Das Ergebnis vor Steuern beläuft

---

55 Vgl. Hagedorn, A./ Tervoort, A., (2017), Kap. XII Rn. 53.

56 Vgl. Pinkernell, R, (2013), IStR S. 180 (183).

57 Vgl. dazu Anhang Nr. 2: Gegenüberstellung ausgewählter Steuersätze von den Niederlanden und Bermuda.

58 Vgl. Pinkernell, R, (2013), IStR S. 180 (S. 180).

59 Vgl. dazu Anhang Nr. 2: Gegenüberstellung ausgewählter Steuersätze von den Niederlanden und Bermuda.

60 Vgl. Pinkernell, R, (2013), IStR S. 180 (S. 186,187).

61 Vgl. Gamperl, E./ Obermaier, F./ Obermayer, B. in: Süddeutsche Zeitung, Just Do It, S.16.

62 Vgl. Hagedorn, A./ Tervoort, A., (2017), Kap. XII Rn. 42.

63 Vgl. dazu Anhang Nr. 3: Jahresabschlüsse 2014-2016 der NEON B.V.

sich hingegen lediglich auf 1.152.287 TEUR. Auffällig ist vor allem die Position „Kosten des Umsatzes", die in 2016 ca. 59,2 % des Gesamtumsatzes entspricht. Laut den Paradise Papers hält nun eine niederländische Gesellschaft namens Nike Innovate C.V. die Nutzungsrechte der Nike-Logos inne.[64] Die NEON und die Converse Netherlands B.V. zahlen ab 2014 hohe Lizenzgebühren für die Nutzung der Logos an die Nike Innovate C.V.[65] Diese Zahlungen könnten die Position „Kosten des Umsatzes" erklären.

Die Unternehmensaktivitäten der Nike Innovate C.V. werden im offiziellen Unternehmensprofil des niederländischen Handelsregisters als Leasingaktivitäten von nicht finanziellen immateriellen Vermögenswerten sowie Finanzholdingaktivitäten klassifiziert. Gegründet wurde sie am 28.02.2014 mit einem Stammkapital von 1 US-Dollar. Sie beschäftigt bis heute keine Mitarbeiter. Ihr Anteilseigner bzw. Partner ist eine Nike Revolution C.V mit Adresse in Oregon, USA. Auch alle Bevollmächtigten sind mit einer amerikanischen Adresse angegeben.[66] Nach einer Kette von hintereinandergeschalteten C.V. führen die Beteiligungsverhältnisse zu der Nike Holding in Delaware, USA.[67]

Die Nike Innovate wird in der Rechtsform einer C.V. betrieben. Die Abkürzung C.V. steht für „Commandaitaire Vennootschap", die Rechtsform entspricht einer deutschen Kommanditgesellschaft.[68] Eine C.V. ist als handelsrechtliche Variante der „maatschap", der Grundform der niederländischen Personengesellschaften, nicht rechtsfähig.[69] Sie unterliegt selbst nicht der Körperschaftsteuer, der Gewinn wird demnach den Anteilseignern der Gesellschaft zugerechnet.[70] Im Falle der Nike Innovate C.V. wären also die in Amerika ansässigen Partner steuerpflichtig.

Die vorliegende C.V./B.V.-Struktur ist häufig bei US-Inbound-Investitionen anzutreffen.[71] Das Modell profitiert von einem Qualifikationsunterschied ein und derselben Gesellschaft in unterschiedlichen Ländern. Eine solche sog. hybride Gesell-

64 Vgl. Gamperl, E./ Obermaier, F./ Obermayer, B. in: Süddeutsche Zeitung, Just Do It, S.16.
65 Vgl. Gamperl, E./ Obermaier, F./ Obermayer, B. in: Süddeutsche Zeitung, Just Do It, S.16.
66 Vgl. Kamer van Koophandel, Unternehmensprofil Nike Innovations C.V.
67 Vgl. Gamperl, E./ Obermaier, F./ Obermayer, B. in: Süddeutsche Zeitung, Just Do It, S. 19,20.
68 Vgl. Servatius in: Henssler/ Strohn, Internationales Gesellschaftsrecht, Rn. 13.
69 Vgl. Hagedorn, A./ Tervoort, A., (2017), Kap. I, Rn. 244 i.V.m. Rn. 177.
70 Vgl. Hagedorn, A./ Tervoort, A., (2017), Kap. XII, Rn. 3.
71 Vgl. Haase, Art. 3, Rn. 32.

schaft kann in dem einem Land nach Kapitalgesellschaftsgrundsätzen und in dem anderen Land nach Personengesellschaftsgrundsätzen behandelt werden.[72]

In Deutschland bestimmt sich das anwendbare Recht bei Gesellschaften nach der Sitztheorie, also nach dem Recht des Staates, in dem sich die Hauptverwaltung der Gesellschaft befindet.[73] Ein Sitz in den USA nach deutschen Grundsätzen wäre denkbar, da ihre Anschrift und die ihrer Verfügungsberechtigter dort belegen ist.[74] Die USA bestimmt die Nationalität einer Gesellschaft jedoch nach der sog. Gründungstheorie, also nach dem Staat ihrer Gründung.[75] Daher behandelt die USA die C.V. als niederländische und somit ausländische Gesellschaft. Mit der Einführung der sog. „check-the-box-regulations" besteht gem. Regs. § 301.7701-3(a) für bestimmte ausländische Rechtsträger die Möglichkeit durch Ankreuzen selbst zu entscheiden, ob sie für amerikanische Besteuerungszwecke als transparent oder intransparent behandelt werden.[76] Dieses Wahlrecht steht gewerblichen Unternehmen zu, die nicht als Muss-Kapitalgesellschaft („per-se-corporations") einzuordnen sind.[77] Der Definition und den Musterbeispielen aus Regs. § 301.7701-3 zufolge, ist nur die niederländische „Naamloze Vennootschap" zwangsweise als Kapitalgesellschaft zu behandeln. Diese ist mit einer deutschen Aktiengesellschaft vergleichbar.[78] Durch die Negativabgrenzung fällt einer niederländischen C.V. demnach das Optionsrecht zu. Um die Vorteile der hybriden Gesellschaft wahrzunehmen, wird in der C.V./B.V. Struktur in der Regel zu einer intransparenten Besteuerung optiert.[79] Auch hier erkennt die amerikanische Steuerbehörde folglich die Abschirmwirkung der C.V. an und sieht das Besteuerungsrecht für die Unternehmenssteuern in den Niederlanden.

Der eine Staat gewährt dem jeweils anderen das Besteuerungsrecht, sodass die Gewinne der Nike Innovate C.V. im Ergebnis unversteuert in den Niederlanden bleiben. Es handelt sich wie bei dem Modell bis 2013 zunächst um einen Steuerstundungseffekt, da eine Besteuerung bei späterer Gewinnausschüttung erfolgen

---

[72] Vgl. Jacobs, O. / Endres, D. / Spengel, C., (2016), S.1247.
[73] Vgl. Zeiser in: Hügel, Internationale Bezüge, Rn. 89.
[74] Vgl. Kamer van Koophandel, Unternehmensprofil Nike Innovations C.V.
[75] Vgl. Lindacher in: Rauscher/ Krüger, § 50, Rn. 57.
[76] Vgl. Brähler, E., (2010), IStR S. 889 (S. 890).
[77] Vgl. Kratzsch, A./ Hielscher, S., (2007), NWB S. 2731 (S. 2732).
[78] Vgl. Hagedorn, A./ Tervoort, A., (2017), Kap. I, Rn. 127.
[79] Vgl. Haase, Art. 3, Rn. 33.

würde.[80] Das Besteuerungsrecht für Dividenden steht gem. Art. 10 Abs. 1 des Doppelbesteuerungsabkommens zwischen den Niederlanden und den USA dem Ansässigkeitsstaat des Dividendenempfängers zu, hier also den USA. Dem Staat der ausschüttenden Gesellschaft, also der Niederlande, steht lediglich gem. Absatz 2 ein Quellenbesteuerungsrecht von 5 % zu, wenn der Dividendenempfänger mind. 10 % der Stimmrechte an der ausschüttenden Gesellschaft hält. In den USA könnte auch hier die Dividendenbesteuerung durch die Vergabe kurzfristiger Darlehen oder ähnlicher Konstruktionen umgangen werden. Wie die folgende Abbildung Nr. 1 zeigt, betrug der effektive Unternehmenssteuersatz in 2016 nach Implementierung der C.V./B.V.-Struktur weniger als 20 %.

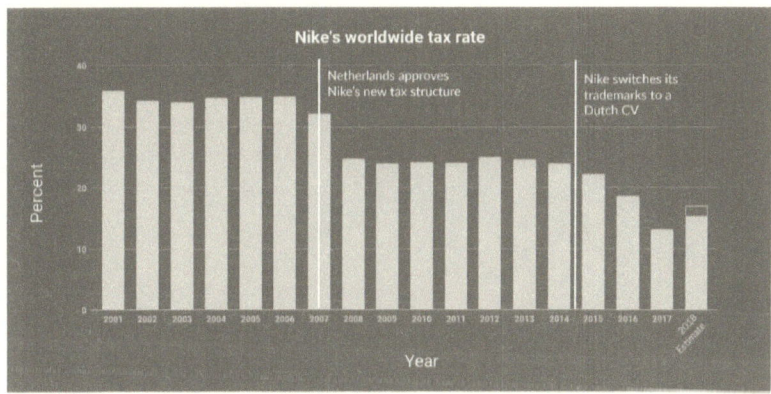

Abbildung 1 - Globaler Steuersatz Nike

Quelle: Bowers, S. in: ICIJ, How Nike Stays One Step Ahead of the Regulators, S. 2-3.

Bei Betrachtung der vorliegenden Strukturen stellt sich die Frage, warum die betroffenen Staaten diese Konstrukte und Modelle durch ihre Gesetzgebung begünstigen. Diese Konstellationen bestehen schon seit Jahren, daher ist mehr von einer politisch gewollten Wettbewerbsmaßnahme als von einer ungewollt lückenhaften Gesetzgebung auszugehen.[81] Erst kürzlich bestätigte der EuGH seine Auffassung, dass nationale und selektive Regelungen zur Steuervergünstigung eine staatliche Beihilfe n. Art. 107 AEUV darstellen können.[82] So bewertete die Europäische Kommission die steuerlichen Vorscheide, auch Tax Rulings genannt, der Nieder-

---

[80] Vgl. Haase, Art. 3, Rn. 33.
[81] Vgl. Pinkernell, R, (2013), IStR S. 180 (S. 187).
[82] Vgl. EuGH, Urt. v. 21.12.2016 – C-20/15 P, EuZW 2017, S. 219 (S. 220).

lande gegenüber Starbucks, Luxemburgs gegenüber Amazon und auch seitens Irlands gegenüber Apple als steuerliche Beihilfe, die nun von den Unternehmen zurückzufordern sind.[83] Andererseits locken die Staaten mit diesen Systemen Unternehmen und Kapital in ihre Hoheitsgebiete, sodass ihre Wirtschaftsleistung zu einem beachtlichen Teil von der Finanzdienstleistungsbrache abhängt.[84] Auch durch die niedrigen Steuersätze würden einige Länder aufgrund der großen Anzahl der Unternehmen mehr Steuereinnahmen verbuchen als noch mit hohen Steuersätzen.[85]

---

[83] Vgl. Jochimsen, C./Kleve, G., (2017), IStR, S. 265 (S. 266).

[84] Vgl. Merten, H.-L, (2017),S. 160.

[85] Vgl. Zucman, G. in: Süddeutsche Zeitung, Motor der Ungleichheit, S. 5.

3 Maßnahmen zur Verhinderung

3.1 Auf internationaler Ebene

3.1.1 Common Reporting Standard – CRS

3.1.1.1 Hintergrund und Verabschiedung

Vor dem Hintergrund der Implementierung von dem Foreign Account Tax Compliance Act (FACTA)[86] zwischen Deutschland und den USA entwickelte die OECD und auf Initiative der G20 und der G8 ein multilaterales Melderegime von Bankdaten, den Common Reporting Standard (CRS).[87] Bis November 2017 haben sich bereits 146 Staaten zu dem CRS-System bekannt, 49 davon wollen den Datenaustausch ab 2017 beginnen. Auch Deutschland gehört zu diesen sog. „Early-Adapters".[88] Um Effizienz zu gewährleisten und die Befolgungskosten für Finanzinstitute gering zu halten, weist der CRS starke Parallelen zum FACTA auf.[89] Die Vorschläge der OECD umfassen zudem ein Muster eines bilateralen Abkommens zwischen den Teilnehmerstaaten, dem „Mulitlateral Competent Authority Agreement" (MCAA). Es handelt sich dabei um eine Rahmenvereinbarung zwischen den Behörden, die die nötige Infrastruktur und die Vertraulichkeit der Informationen festlegt.[90] Mit Stand von 15. Januar 2018 haben das MCAA bereits 98 Staaten unterzeichnet und sich einem Informationsaustausch ab September 2017 bzw. 2018 verpflichtet.[91]

Verpflichtend für die EU-Mitgliedsstaaten wurde der CRS durch eine Ergänzung der bestehenden Amtshilferichtlinie.[92] Durch das Gesetz zu der Mehrseitigen Vereinbarung vom 29. Oktober 2014 zwischen den zuständigen Behörden über den

---

[86] Umgesetzt in Deutschland durch das Gesetz zum Abkommen zwischen Deutschland und Amerika zur Förderung der Steuerehrlichkeit, BGBl. II 2013 S. 1362.

[87] Vgl. Schmidt, C. / Ruckes, A., (2014), IStR S. 652 (S. 653).

[88] Vgl. dazu Anhang Nr. 4: OECD - AEOI: Status of Commitments.

[89] Vgl. OECD, (2017), Standard for Automatic Exchange of Financial Account Information in Tax Matters, S.10.

[90] Vgl. OECD, (2017), Standard for Automatic Exchange of Financial Account Information in Tax Matters, S.14.

[91] Vgl. dazu Anhang Nr. 5: Unterzeichnungen des MCAA.

[92] Vgl. Richtlinie des Rates zur Änderung der Richtlinie 2011/16/EU bezüglich der Verpflichtung zum automatischen Austausch von Informationen im Bereich der Besteuerung vom 09.12.2014, 2014/107/EU.

automatischen Austausch von Informationen über Finanzkonten[93] und dem Finanzkonten-Informationsaustauschgesetz[94] wurde der CRS in nationales Recht übersetzt. Das Melderegime ersetzt die EU-Zinsrichtlinie, die ab Geltung des CRS in 2016 nicht mehr anzuwenden ist.[95]

3.1.1.2 Funktionsweise des CRS

Im Kern sieht der CRS vor, Finanzinstitute zur Meldung bestimmter Konten bei der jeweils nationalen zuständigen Behörde zu verpflichten. Diese tauschen im Anschluss die Daten mit anderen Steuerbehörden aus.[96] Ziel ist es, die Kontoinhaber und ggf. deren mögliche Steuerpflicht in anderen Ländern zu erkennen und die Konten diesem Staat anzuzeigen.[97] Im Vorfeld muss daher geprüft werden, welche Finanzinstitute meldepflichtig sind und welche Maßnahmen sie zur Identifizierung der Kontoinhaber vornehmen müssen.

Meldepflichtige Finanzinstitute werden Section VIII lit. A Nr. 1-8 des CRS definiert. Demnach sind zunächst alle teilnehmenden Finanzinstitute meldepflichtig, wenn keine Befreiung vorliegt. Unter die Befreiungsvorschrift fallen gem. Section VIII lit. B unter anderem staatliche Rechtsträger, Altersvorsorgefonds, Trusts und Unternehmen, bei denen nur ein geringes Risiko zur Beihilfe zur Steuerhinterziehung besteht und die Parallelen zu den genannten Ausnahmen aufweisen. Ein Finanzinstitut ist gem. Section VIII lit. A Nr. 2 teilnehmend, wenn es seinen Sitz oder eine Filiale in einem der teilnehmenden Staaten hat. Unter den Begriff Finanzinstitut fallen Einlagen- und Verwahrinstitute sowie Investitions- und Versicherungsgesellschaften. Deutsche Kreditinstitute werden regelmäßig unter diesen weiten Anwendungsbereich fallen, da ihre Haupttätigkeit nach § 1 Abs. 1 Nr. 1 und 5 KWG in Einlagen- und Depotgeschäften besteht. Zur Identifizierung der Konten als meldepflichtig unterteilt der CRS die Konten in vier Kategorien. Es bestehen

---

[93] Vgl. Gesetz zu der Mehrseitigen Vereinbarung vom 29. Oktober 2014 zwischen den zuständigen Behörden über den automatischen Austausch von Informationen über Finanzkonten, BGBl. 2015 II, S. 1630.

[94] Vgl. Gesetz zum automatischen Austausch von Informationen über Finanzkonten in Steuersachen und zur Änderung weiterer Gesetze, BGBl. 2015 I, S. 2531.

[95] Vgl. Bundeszentralamt für Steuern, Common Reporting Standard – CRS, http://www.bzst.de/DE/Steuern_International/CRS/CRS_node.html, zuletzt abgerufen am 13.03.2018.

[96] Vgl. OECD, (2017), Standard for Automatic Exchange of Financial Account Information in Tax Matters, S.15.

[97] Vgl. Czakert, E., (2017), IStR S. 663 (S. 664).

demnach unterschiedliche Identifizierungsverfahren für Bestands- und Neukonten von Privatpersonen und für Bestands- und Neukonten von Gesellschaften.[98]

Die Bestandskonten von Privatpersonen werden weiterhin in Lower-Value-Accounts und High-Value-Accounts unterteilt, wobei gem. Section VIII lit. C Nr. 14 CRS ein Konto mit einem Wert von < 1 Million US-Dollar als Lower-Value-Account zu klassifizieren ist. Bei diesen Konten beschränkt sich die Indiziensuche für eine steuerliche Ansässigkeit auf die dem Finanzinstitut bereits elektronisch vorliegenden Unterlagen, Section III lit. B. Bei High-Value-Accounts weitet sich die Indiziensuche neben den elektronisch vorliegenden Unterlagen auch auf Unterlagen in Papierform aus, Section III lit. C Nr. 2. Den Ergebnissen der Indiziensuche geht jedoch immer das Wissen des Kundenbetreuers vor, Section III lit B Nr. 4.

Die Due Diligence-Prüfung für Neukonten von Privatpersonen sieht eine Selbstauskunft gem. Section IV lit. A vor. Diese Selbstauskunft muss Angaben über die steuerliche Ansässigkeit des Kontoinhabers enthalten und einer Angemessenheitsprüfung standhalten. Das Finanzinstitut ist verpflichtet, eine neue Selbstauskunft gem. Section IV lit. C anzufordern, wenn ihm Hinweise auf Fehlerhaftigkeit oder Unglaubwürdigkeit vorliegen.

Für Bestandskonten von Gesellschaften mit einem Wert von < 250 T US-Dollar besteht gem. Section V lit. A ein Wahlrecht des Finanzinstitutes zur Identifizierung. Bei allen anderen Konten ist gem. Section V lit. C zu prüfen, ob das Konto einer meldepflichtigen Gesellschaft selbst oder einer Non-Financial-Entity (NFE) gehört, welche von einer meldepflichtigen Person beherrscht wird. Ob eine Gesellschaft meldepflichtig ist, ist anhand vorhandener Unterlagen gem. Section V lit. D Nr. 1 zu prüfen. Der Gesellschaft wird dabei die Möglichkeit einer Selbstauskunft als Gegenbeweis eingeräumt. In dem Falle einer NFE ist zu prüfen, ob eine passive oder eine aktive NFE vorliegt. Eine NFE ist jeder Rechtsträger, der kein Finanzinstitut ist.[99] In jedem Falle ist jedoch eine Selbstauskunft der Gesellschaft einzuholen. Davon ausgenommen sind nur Gesellschaften, bei denen das Finanzinstitut im Besitz von Informationen ist oder diese öffentlich zugänglich sind, die auf eine aktive Geschäftstätigkeit hinweisen, Section V lit. D Nr. 2. Es wird angenommen, dass grundsätzlich eine passive NFE vorliegt, wenn nicht besondere Merkmale einer aktiven NFE vorliegen. So sollen wirtschaftlich aktive Gesellschaf-

---

[98] Vgl. Lappas, M./ Ruckes, A., (2016), IStR S. 364 (S. 367).

[99] Vgl. Schmidt, C. / Ruckes, A., (2014), IStR S. 652 (S. 658).

ten keiner aufwändigen Prüfung unterzogen werden, weil man hinter ihnen in der Regel keine Steuerhinterzieher vermutet.[100]

Der Prüfungsprozess bei Neukonten von Gesellschaften ähnelt dem der Bestandskonten von Gesellschaften bis auf die Tatsache, dass die Prüfung der Meldepflicht der Gesellschaft selbst zwingend anhand einer Selbstauskunft zu erfolgen hat.

Die so klassifizierten Konten unterliegen nur der Meldepflicht, wenn sie einer meldepflichtigen Person gehören, Section VIII lit. D Nr.1. Eine Person ist gem. Section VIII lit. D Nr.5 meldepflichtig, wenn sie in einem der Abkommensländer ansässig ist. Der Gang des Prüfverfahrens sowie der Informationen wird durch die folgende Abbildung dargestellt.

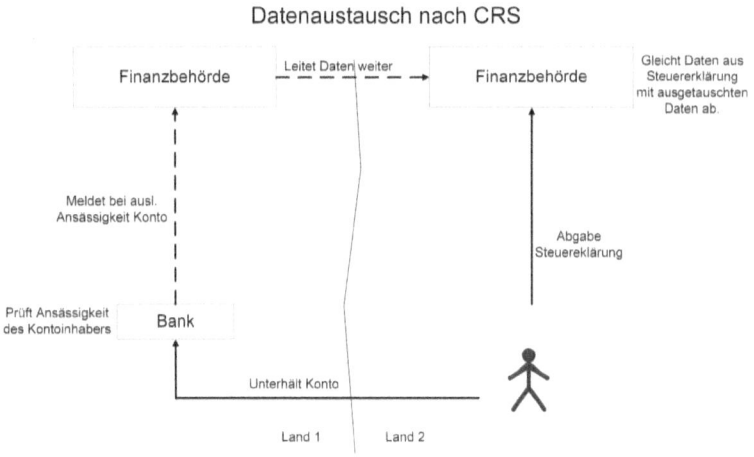

Abbildung 2 - Datenaustausch nach CRS

Quelle: Eigene Darstellung

Ergibt die Due Diligence Prüfung, dass ein meldepflichtiges Konto vorliegt, hat das Finanzinstitut unter anderem Name, Adresse, Geburtsort bei natürlichen Personen, Kontonummer und den Kontostand an die Finanzverwaltung weiterzuleiten, Section I lit. A. In Deutschland sind diese Daten gem. § 6 Abs. 3 FKAustG bis zum 31.07. des Folgejahres an das Bundeszentralamt für Steuern zu übermitteln, welches die Informationen dann gem. § 2 FKAustG an die ausländischen Finanz-

---

[100] Vgl. Schmidt, C. / Ruckes, A., (2014), IStR S. 652 (S. 658).

verwaltungen weiterleitet. In Ergänzung zu den OECD Vorschlägen hat der deutsche Gesetzgeber eine Bußgeldvorschrift in § 28 FKAustG aufgenommen, wonach eine Pflichtverletzung ein Ordnungsgeld von bis zu 50.000 € nach sich ziehen kann.

3.1.1.3 Kritische Würdigung

Die konsequente Anwendung des CRS führt im Ergebnis zu einer vollständigen Aushebelung des Bankgeheimnisses, sodass eine Abwägung zwischen dem Transparenzinteresse des Staates zur Sicherung seiner Steuereinnahmen und der Grundfreiheit zur informationellen Selbstbestimmung der Bürger erforderlich ist.[101] Das Transparenzinteresse wird dabei in der Regel stärker gewichtet, sodass die vollständige Transparenz von den Bürgern hingenommen werden muss.[102] Dem ist zuzustimmen, da auch die Bürger von einer gleichmäßigeren Besteuerung profitieren. Im Zuge des Steuerumgehungsbekämpfungsgesetzes wurde der § 30a AO am 23.06.2017 aufgehoben, sodass auch steuerlich kein Konflikt mehr mit dem Bankgeheimnis besteht. Das am 1.2.2017 veröffentliche BMF-Schreiben zu Anwendungsfragen bezüglich des CRS und FACTA[103] gewährleistet zudem eine flächendeckend einheitliche Anwendung.

Auch ist zu begrüßen, dass der deutsche Gesetzgeber eine Bußgeldvorschrift eingeführt hat, um die tatsächliche Erfüllung der Meldepflichten zu gewährleisten. Besonders im ersten Jahr sind diese mit hohen Befolgungskosten verbunden. Ist die Erstüberprüfung aller Bestandskonten abgeschlossen, sollten die Verwaltungskosten in den Folgejahren geringer ausfallen. Jedoch kann auch nicht ausgeschlossen werden, dass durch die Prüfung der Finanzinstitute alle meldepflichtigen Sachverhalte aufgedeckt werden. Den wirtschaftlichen Eigentümer ausfindig zu machen ist in komplexen Konstellationen nicht immer einfach und mit hohem Aufwand verbunden. Es kann aber m. E. davon ausgegangen werden, dass dieses Meldesystem zumindest eine abschreckende Wirkung auf das Geschäft mit Scheinfirmen hat. Das ist insbesondere der Fall, da sich auch die typischen Steueroasen und Länder mit einer hohen Anzahl an Scheinfirmen wie Hongkong, Jer-

---

101 Vgl. Lappas, M./ Ruckes, A., (2016), IStR S. 364 (S. 365).

102 Vgl. Lappas, M./ Ruckes, A., (2016), IStR S. 364 (S. 365).

103 Vgl. Bundesministerium für Finanzen, (2017), Standard für den automatischen Austausch von Finanzinformationen in Steuersachen.

sey, Isle of Man, Guernsey, Panama und die Schweiz dem CRS verpflichtet haben.[104]

3.1.2 Die BEPS-Initiative

3.1.2.1 Ursprung und Entwicklung des BEPS-Projektes

Die BEPS-Initiative ist ein gemeinsames Projekt der OECD-Staaten, der G20 sowie weiterer Entwicklungs- und Schwellenländer. Ziel dieses Projektes ist es den schädlichen Steuerwettbewerb einzelner Staaten sowie aggressive Steuerplanung international tätiger Unternehmen einzudämmen. Aus diesem Ziel leitet sich auch der Name des Projektes ab. Die Abkürzung BEPS steht für „Base Erosion and Profit Shifting", also für Gewinnverkürzung und -verlagerung.[105]

Im Oktober 2015 wurden die offiziellen Abschlussberichte zu dem im Juni 2013 veröffentlichten 15-Punkte-Aktionsplan veröffentlicht.[106] Kernziele der vorgestellten Punkte sind die verbesserte Ermittlung und Kontrolle von Verrechnungspreisen sowie die Steigerung von Transparenz der Steuerpflichtigen gegenüber den Steuerbehörden.[107] Die einheitliche Umsetzung des BEPS-Projektes soll durch das 2016 gegründeten Inclusive Framework gewährleistet werden.[108]

Im Folgenden sollen drei ausgewählte Aktionspunkte der BEPS Aktionsplans vorgestellt, ihr aktueller Stand erläutert und unter dem Kriterium der Eignung kritisch betrachtet werden.

3.1.2.2 Aktionspunkt 2 – Hybride Gestaltungen

Der Aktionspunkt 2 des 15-Punkte-Aktionsplans befasst sich mit dem Vorliegen von hybriden Gestaltungen. Charakteristisch für hybride Gestaltungen ist das Ausnutzen von unterschiedlichen Qualifikationen desselben Rechtsträgers oder Finanzinstrumentes durch verschiedene Länder.[109] Dabei kann das hybride Element aus einer abweichenden Beurteilung als Eigen- oder Fremdkapital (hybrides

---

[104] Vgl. dazu Anhang Nr. 5: Unterzeichnungen des MCAA.

[105] Vgl. Bundesministerium für Finanzen, BEPS,
http://www.bundesfinanzministerium.de/Content/DE/Standardartikel/Themen/Steuern/
Weitere_Steuerthemen/BEPS/2017-06-07-beps.html, zuletzt abgerufen am 13.03.18.

[106] Vgl. Raupach, A./ Pohl, D./ Ditz, X./ Gosch, D., S. 4.

[107] Vgl. Jacobs, O. / Endres, D. / Spengel, C., (2016), S. 97.

[108] Vgl. Kreienbaum, M./ Fehling, D., (2017), IStR S. 929 (S. 930).

[109] Vgl. OECD (2017), Aktionspunkt 2 – Abschlussbericht 2015, S. 13.

Finanzinstrument) oder aus einer unterschiedlichen Qualifizierung einer Gesellschaft als transparent oder intransparent (hybride Gesellschaft) entstehen.[110]

Der Abschlussbericht zum Aktionspunkt 2 unterteilt sich in zwei große Teilbereiche. Im ersten Teil wurden Vorschläge zur Anpassung des nationalen Rechts zur Neutralisierung hybrider Effekte gemacht. In dem zweiten Teil folgen Änderungsvorschläge für das OECD-Musterabkommen.[111] Je nach Effekt einer hybriden Gestaltung empfiehlt Aktionspunkt 2 im ersten Teil verschiedene Anpassungen im innerstaatlichen Recht durch die Implementierung von Hybrid-Mismatch-Regelungen.[112] In dem Abschlussbericht werden drei Effekte behandelt, die durch hybride Gestaltungen hervorgerufen werden.

Der sog. D/NI-Effekt (deduction/ no inclusion) liegt vor, wenn Zahlungen in einem Staat als Betriebsausgabe abzugsfähig sind, jedoch nach dem Recht des Empfängerstaates die Zahlung keine Einnahme darstellen.[113] Der D/D-Effekt (double deduction) wird erreicht, wenn dieselbe Zahlung mehr als einmal als Betriebsausgabe geltend gemacht werden kann.[114] Zu einem indirektem D/NI-Effekt kommt es, wenn nach dem Recht des Staates des Zahlenden eine Betriebsausgabe vorliegt, nach dem Recht des Empfängerstaates diese Zahlung im Rahmen einer hybriden Gestaltung mit einem Drittstaat verrechnet werden kann.[115] Im Folgenden soll aus Platzgründen auf eine ausführlichere Darstellung von D/D-Effekten sowie von indirekten D/NI-Effekten verzichtet werden.

Der Vorschlag der BEPS-Initiative umfasst im Kern die Implementierung sog. Korrespondenzregeln („linking rules"). Mithilfe dieser Vorschriften wird die Rechtsfolge eines Sachverhaltes in einem Mitgliedsstaat an das Vorliegen bestimmter Voraussetzungen in einem anderen Mitgliedsstaat geknüpft. Besteht im anderen Staat beispielsweise aufgrund seiner Eigenschaft als Drittstaat keine korrespondierende Vorschrift, soll als nachrangige Maßnahme eine Abwehrregel greifen.[116] Die Anwendung einer Korrespondenzregelung im Grundfall eines D/NI-

---

[110] Vgl. Kahlenberg, C./ Oppel, F., (2017), NWB S. 1732 (S. 1733).

[111] Vgl. OECD (2017), Aktionspunkt 2 – Abschlussbericht 2015, S. 13, 14.

[112] Vgl. OECD (2017), Aktionspunkt 2 – Abschlussbericht 2015, S. 19.

[113] Vgl. OECD (2017), Aktionspunkt 2 – Abschlussbericht 2015, S. 19.

[114] Vgl. OECD (2017), Aktionspunkt 2 – Abschlussbericht 2015, S. 19.

[115] Vgl. OECD (2017), Aktionspunkt 2 – Abschlussbericht 2015, S. 19.

[116] Vgl. Berges, S./ Rotter, M., (2015), IWB S. 802 (S. 804).

Ergebnisses durch ein hybrides Finanzinstrument wird durch folgendes Beispiel verdeutlicht.

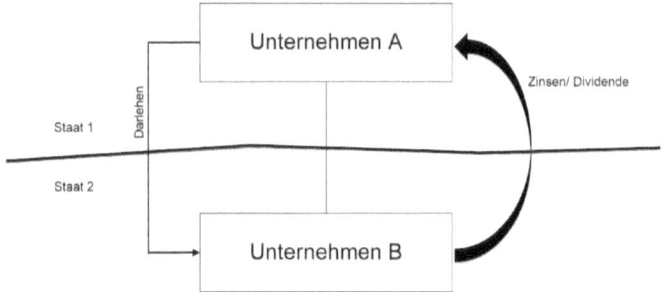

Abbildung 3 – Vorliegen eines hybriden Finanzinstrumentes

Quelle: In enger Anlehnung an Beispiel 1.1 der OECD (2017), Aktionspunkt 2 – Abschlussbericht 2015, Anhang, S. 189.

Das Unternehmen A hält 100 % der Anteile an dem Unternehmen B. Das Unternehmen A ist in Staat 1, das Unternehmen B in Staat 2 ansässig. Das Unternehmen A gibt Unternehmen B ein Darlehen aus, für welches dieses Zinsen zahlt. Nach den nationalen Vorschriften des Staates 2 wird das Darlehen als Fremdkapitalinstrument bewertet, dementsprechend stellen die zu zahlenden Zinsen eine Betriebsausgabe dar. Nach den Vorschriften des Staates 1 wird die Konstruktion jedoch als Eigenkapitalinstrument im Sinne einer Beteiligung des Unternehmen A an dem Unternehmen B verstanden, sodass die gezahlten Zinsen eine Dividende darstellen. In Staat 1 sind Dividenden ab einer Beteiligungshöhe von 10 % und einer Mindesthaltedauer von 12 Monaten steuerbefreit. Diese Konstellation führt dazu, dass eine Zahlung im Staat 2 als Betriebsausgabe abziehbar ist, gleichzeitig im Staat 1 eine steuerbefreite Einnahme darstellt.

Die Empfehlung 1 zu Aktionspunkt 2 sieht als vorrangig anzuwendende Maßnahme vor, dass der Staat des Zahlungsleistenden, hier also Staat 2, den Abzug als Betriebsausgabe versagt. Die nachranging anzuwendende Abwehrregel sieht eine Berücksichtigung der Zahlung in Staat 1 als steuerpflichtige Einnahme vor.[117] Der D/NI-Effekt wird durch dieses Vorgehen wirksam beseitigt.

Eine andere Empfehlung zu Aktionspunkt 2 befasst sich mit dem Vorliegen von Zahlungen an umgekehrt hybriden Rechtsträgern, sog. „reverse-hybrids". Ein re-

---

[117] Vgl. OECD (2017), Aktionspunkt 2 – Abschlussbericht 2015, S. 25.

verse-hybrid wird als Rechtsträger definiert, der im Staat des Investors als selbstständiger Rechtsträger angesehen wird, im Staat der Errichtung jedoch intransparent behandelt wird.[118] Eine von amerikanischen Investoren begründete niederländische C.V. ist ein typisches Beispiel für einen reverse-hybrid.[119] Der Empfehlung 4 nach soll der Staat des Zahlungsleistenden im Falle eines D/NI-Effektes den Abzug der Zahlung verbieten.[120] Dem Beispiel entsprechend, würde die USA den Abzug der Zahlung untersagen. Eine nachrangige Abwehrregel ist unter anderem aufgrund anderer Empfehlungen zwecks Anpassung der Hinzurechnungsbesteuerung nicht erforderlich.[121] Eine Handlungsempfehlung im umgekehrten Falle einer Zahlung eines reverse-hybrids an einen anderen Rechtsträger ist im Abschlussbericht zu Aktionspunkt 2 nicht ersichtlich.

Die Handlungsempfehlungen der Abschlussberichte wurden für die Mitgliedsstaaten der EU mittels Richtlinien verpflichtend. Im Juli 2016 wurde in der EU die sog. Anti-Tax-Avoidance-Directive (ATAD) auch bekannt als die Anti-BEPS-Richtlinie, veröffentlicht.[122] Am 21.02.2017 wurde weiterhin vom ECOFIN-Rat eine Änderungsrichtlinie (ADAD 2) beschlossen, die sich hauptsächlich mit der Erweiterung der Richtlinie bezüglich hybrider Gestaltungen befasst.[123] Sie orientiert sich eng an den OECD-Arbeiten zum Aktionspunkt 2.[124]

Die ATAD 2 weicht jedoch in einem Punkt von den Empfehlungen der BEPS-Abschlussberichte ab.[125] In den BEPS-Abschlussberichten wird der Abzug einer Zahlung der Art definiert, dass die Zahlung bei der Berechnung der Netto-Einkünfte des Steuerpflichtigen abgezogen werden muss.[126] Das ist gerade bei Gewinnausschüttungen nicht der Fall. Die EU-Richtlinie nimmt daher auch den Fall der der doppelten Nichtbesteuerung NT/NI-Effekt (no taxation/ no inclusion)

---

[118] Vgl. OECD (2017), Aktionspunkt 2 – Abschlussbericht 2015, S. 65.

[119] Vgl. Haase, Art. 3, Rn. 33.

[120] Vgl. OECD (2017), Aktionspunkt 2 – Abschlussbericht 2015, S. 6, Rn. 142.

[121] Vgl. OECD (2017), Aktionspunkt 2 – Abschlussbericht 2015, S. 67, Rn. 144.

[122] Vgl. Richtlinie des Rates mit Vorschriften zur Bekämpfung von Steuervermeidungs-praktiken mit unmittelbaren Auswirkungen auf das Funktionieren des Binnenmarkts vom 12.07.2016, Dok. 2016/1164.

[123] Vgl. Grotherr, S., (2017), IWB S. 289 (S. 290).

[124] Vgl. Kahlenberg, C./ Oppel, F., (2017), NWB S. 1732 (S. 1734).

[125] Vgl. Grotherr, S., (2017), IWB S. 289 (S. 299).

[126] Vgl. OECD (2017), Aktionspunkt 2 – Abschlussbericht 2015, S. 137.

auf.[127] Gem. Art. 9a ATAD 2 muss der Gründungsstaat des hybriden Unternehmens dieses als in diesem Staat ansässig betrachten und die Einkünfte als Einkünfte des hybriden Rechtsträgers versteuern. In dem oben genannten Beispiel müssten demnach die Niederlande die Einkünfte der C.V. in den Niederlanden versteuern.

Die Darstellung zur Unternehmensstruktur von Nike zeigt exemplarisch auf, dass sich Unternehmen dies zu Nutze machen. Daher weist die ATAD 2 einen umfassenderen Anwendungsbereich auf, was in Hinblick auf Strukturen ähnlich der NIKE-Gruppe zu begrüßen ist.

Weiterhin wäre es auf den ersten Blick denkbar, die Qualifizierung als hybrides Instrument anhand ihrer Gestaltung und nicht anhand ihrer Auswirkungen vorzunehmen. Die OECD hält diesem Einwand entgegen, dass es angesichts der großen Vielfalt der Finanzinstrumente nicht möglich sei, alle möglich einschlägigen Situationen zu benennen.[128] Dieses Argument überzeugt. Hybride Gestaltungen profitieren gerade von einer ausschließlich rechtlichen Betrachtung. Durch die Fokussierung auf die Effekte einer Gestaltung wird ausgeschlossen, dass diese umgegangen werden kann ohne ihre Vorteile zu verlieren.

Im Zuge der Europäischen Umsetzung durch die ATAD und ATAD 2 wird kritisiert, dass die Richtlinie gem. Art. 3 der ATAD nur ein Mindestschutzniveau erzielen soll. Es bestehe daher die Gefahr von der überschießenden Umsetzung der Richtlinien.[129] Außerdem ist unklar, wie die Auslegung der die Richtlinie überschießenden Teile vorgenommen werden soll.[130] So würde die Problematik der unterschiedlichen Rechtssysteme nur auf eine andere Ebene verschoben werden. Weiterhin besteht gem. Art. 9 Abs. 4 ATAD 2 für Mitgliedsstaaten ein Wahlrecht, bestimmte Gestaltungen aus dem Anwendungsbereich der Vorschrift auszunehmen. Einer einheitlichen Umsetzung steht dieser Ausnahmetatbestand entgegen.

Auch sei abzusehen, dass sich aufgrund dieser Regelung das Risiko von Doppelbesteuerungstatbeständen und der Prüfungs- und Dokumentationsaufwand erheb-

---

[127] Vgl. Richtlinie des Rates zur Änderung der Richtlinie (EU) 2016/1164 bezüglich hybrider Gestaltungen mit Drittländern vom 29.05.2017, Erwägungsgrund 20 i.V.m. Grotherr, S., (2017), IWB S. 289 (S. 298).

[128] Vgl. OECD (2015), Aktionspunkt 2 – Abschlussbericht 2015, S. 28, Rn. 20.

[129] Vgl. Kahlenberg, C./ Oppel, F., (2017), NWB S. 1732 (S. 1739).

[130] Vgl. Kuhn, T., (2015) EuR S. 216 (S. 235-236).

lich erhöhen.[131] Das ist insbesondere denkbar, da der Fall der doppelten Besteuerung aufgrund eines hybriden Elements nicht Bestandteil der OECD Vorschläge oder der EU-Richtlinie ist.[132] Auch aus diesem Grund wird angeführt, dass die ATAD insgesamt die erste Richtlinie ist, die in keiner Hinsicht steuerliche Vorteile für Steuerpflichtige mit sich bringt.[133] Einer nicht flächendeckend einheitlichen Regelung steht ein hoher Verwaltungsaufwand und Rechtsunsicherheit gegenüber, der Kritik ist daher zuzustimmen.

Bei einer Gesamtbetrachtung zeigt sich, dass die Handlungsempfehlungen zu Punkt 2 der BEPS-Abschlussberichte an sich gut geeignet sind, die Effekte hybrider Gestaltungen zu bekämpfen. Auch ist auch die Implementierung der Abwehrregelungen zu begrüßen, da so die Vermeidung von D/NI-Effekten in Bezug auf Drittstaaten erreicht wird. Allerdings wurde in den Empfehlungen der praxisrelevante Effekt der doppelten Nichtbesteuerung und der Doppelbesteuerung nicht bzw. nicht ausreichend behandelt. Außerdem ist mit einem enormen Prüfaufwand zu rechnen, da durch diese Regelung nicht nur das nationale Steuerrecht beachtet werden muss, sondern auch jedes Steuerrecht der Staaten, mit denen Handelsbeziehungen bestehen. Bei gleichzeitig hohem Befolgungsaufwand stehen dem Steuerpflichtigen wenige bis keine Vorteile gegenüber.

3.1.2.3 Aktionspunkt 12 – Meldepflicht von grenzüberschreitenden Steuermodellen

Um den Finanzbehörden einen Zugriff auf Informationen bezüglich der Planung grenzüberschreitender Steuermodelle zu verschaffen, sieht Aktionspunkt 11 eine Meldepflicht für potentiell aggressive Steuerplanungsmodelle durch sog. Intermediäre vor.[134] Zur europäischen Umsetzung dieser Empfehlung wird eine Europäische Richtlinie zu Umsetzung dieses Melderegimes diskutiert.[135] Dieses Vorhaben soll dabei komplementäre Wirkungen auf den eingangs beschriebenen CRS

---

131 Vgl. Kohnz, C., (2017), Rn. 42.

132 Nach Terminologie von BEPS wäre dies ein Fall einer „double inclusion".

133 Vgl. Spengel, C./ Stutzenberger, K., (2018), IStR S. 37 (S. 41).

134 Vgl. OECD (2015), Aktionspunkt 12 – Abschlussbericht 2015, S. 15.

135 Vgl. Vorschlag für eine Richtlinie des Rates zur Änderung der Richtlinie 2011/16/EU bezüglich des verpflichtenden automatischen Informationsaustauschs im Bereich der Besteuerung über meldepflichtige grenzüberschreitende Modelle vom 21.06.2017, Dok.: COM(2017) 335 final, Erwägungsgrund 4.

haben, da so auch Sachverhalte erfasst werden, die nicht in den Anwendungsbereich des CRS fallen.[136]

Nach Art. 1 Abs. 2 Nr. 1 des RL-Entwurfes sollen Intermediäre meldepflichtige Steuerplanungsmodelle innerhalb von fünf Tagen nach dessen Umsetzung den Finanzbehörden melden. Gem. Art. 1 Abs. 1 lit. b Nr. 19 ist ein Steuerplanungsmodell meldepflichtig, wenn es sich um ein grenzüberschreitendes Modell handelt und es mindestens eins der im Anhang IV aufgeführten Kennzeichen aufweist. Intermediäre sind gem. lit. b Nr. 21 alle Personen, die gegenüber dem Steuerpflichtigen die Verantwortung bei der Konzeption, Vermarktung, Organisation oder dem Management der Umsetzung übernehmen. Sekundär meldepflichtig sind gem. Art. 1 Abs. 2 Nr. 2 RL-E die Steuerpflichtigen selbst, wenn der ermittelte Intermediär durch seine Angehörigkeit die Privilegien der Rechtsberufe genießt oder kein Intermediär vorhanden ist.

Entgegen der Formulierung aus Art. 1 Abs. 1 lit. b Nr. 19, reicht das Erfüllen eines Kriteriums aus Anhang IV nicht allein für die Begründung der Meldepflicht aus, vielmehr muss der sog. „Main benefit"-Test positiv ausfallen.[137] Dieser ist positiv erfüllt, wenn der Hauptvorteil des gewählten Modells in der Erzielung eines Steuervorteils besteht.[138] Dies gilt allerdings nur für Kriterien der Kategorie B. Die Kriterien der Kategorien C, D und E werden wohl als derart alarmierend angesehen, dass eine Meldepflicht auch ohne steuerliche Motivation ausgelöst wird.[139] Dazu gehören Modelle, die den Automatischen Informationsaustausch der Union umgehen (Kategorie D) oder die den allgemeinen Verrechnungspreisrichtlinien nicht standhalten (Kategorie E).

Weitgehend kritisiert wird das Fehlen allgemeingültiger Definitionen. So wird unter anderem nicht deutlich, wann der Hauptvorteil in einem Steuervorteil liegt

---

[136] Vgl. Vorschlag für eine Richtlinie des Rates zur Änderung der Richtlinie 2011/16/EU bezüglich des verpflichtenden automatischen Informationsaustauschs im Bereich der Besteuerung über meldepflichtige grenzüberschreitende Modelle vom 21.06.2017, Dok.: COM(2017) 335 final, Gründe und Ziele des Vorschlags.

[137] Vgl. Duttiné, T/ Partin, V., (2017), BB S. 3031 (S. 3034).

[138] Vgl. Anhang des Vorschlags für eine Richtlinie des Rates zur Änderung der Richtlinie 2011/16/EU bezüglich des verpflichtenden automatischen Informationsaustauschs im Bereich der Besteuerung über meldepflichtige grenzüberschreitende Modelle, Anhang IX vom 21.06.2017, Dok.: COM(2017) 335 final, S. 1.

[139] Vgl. Duttiné, T/ Partin, V., (2017), BB S. 3031 (S. 3034).

und wer dies zu beweisen hat.[140] Auch sei unklar, ob mit einer Freistellung von der Meldepflicht aufgrund beruflicher Privilegien vertragliche oder berufliche Verschwiegenheitsverpflichtungen erfasst sind oder ob etwa der Geheimnisverrat n. § 203 StGB gemeint ist.[141] Mit Hinblick auf einen möglicherweise uferlosen Anwendungsbereich der Vorschrift sollten unbedingt Konkretisierungen vorgenommen werden.[142]

Die beschriebene Meldepflicht hat m. E. viel Potential, Steuervermeidung zu verhindern. Allerdings kommt es an vielen Stellen zu Anwendungsschwierigkeiten, der dargelegten Kritik ist zuzustimmen. Bis es zu einer Verabschiedung der Richtlinie kommt, sollte daher umfassende Konkretisierungen erfolgen um den Intermediären und den Steuerpflichtigen klare Handlungsempfehlungen in die Hand zu geben.

3.1.2.4 Aktionspunkt 13 – Verrechnungspreisdokumentation und Country by Country Reporting

Der Aktionspunkt 13 der in 2015 vorstellten Abschlussberichte befasst sich mit Verrechnungspreisdokumentationen und länderbezogener Berichterstattungen.[143] Das übergeordnete Ziel der verschärften Dokumentations- und Berichtspflichten ist eine vereinfachte Risikoanalyse der Finanzverwaltung. Sie soll nach den Änderungen leichter erkennen können, wo Prüfungsressourcen sinnvoll eingesetzt werden können.[144] Auch soll der Steuerpflichtige angeregt werden, verstärkt auf die Konformität seiner Verrechnungspreispolitik zu geltenden Grundsätzen zu achten.[145] Im Zuge der Abschlussberichte wurde ein dreistufiges Modell erarbeitet.

Die Stammdokumentation, das „Master File", umfasst übergeordnete Informationen ihrer weltweiten Geschäftstätigkeit sowie ihrer Verrechnungspreispolitik. Sie soll es den Finanzverwaltungen ermöglichen, die Geschäftstätigkeit in einem globalen Kontext einzuordnen.[146] Die erforderlichen Informationen umfassen den

---

140 Vgl. Duttiné, T/ Partin, V., (2017), BB S. 3031 (S. 3034).

141 Vgl. Elster, H./ Pestke, A., (2017), S. 6.

142 Vgl. Elster, H./ Pestke, A., (2017), S. 3.

143 Vgl. OECD (2016), Aktionspunkt 13 – Abschlussbericht 2015.

144 Vgl. OECD (2016), Aktionspunkt 13 – Abschlussbericht 2015, S. 14.

145 Vgl. OECD (2016), Aktionspunkt 13 – Abschlussbericht 2015, S. 14.

146 Vgl. OECD (2016), Aktionspunkt 13 – Abschlussbericht 2015, S. 17.

Organisationsaufbau, die Geschäftstätigkeit, die immateriellen Werte, konzerninterne Finanztätigkeiten und die Finanzlage des Konzerns.[147] In einer Einzeldokumentation für jedes Land, dem „Local File" wird eine detaillierte Verrechnungspreisdokumentation aller wesentlicher Geschäftsvorfälle eines inländischen Steuerpflichtigen mit verbundenen Dritten erwartet. Auf der dritten Stufe wird eine länderbezogene Berichterstattung, das „Country-by-Country Reporting", empfohlen, welche eine Übersicht wichtiger Unternehmenskennzahlen nach Steuerhoheitsgebiet bieten soll.[148] Unter Berücksichtigung eines Gleichgewichts zwischen den Offenlegungsinteressen der Finanzverwaltungen einerseits und den Befolgungskosten der Unternehmen andererseits wurde zunächst von der Aufnahme von Zins-, Lizenz- und Dienstleistungsvergütungen abgesehen. Dies steht aber unter dem Vorbehalt einer Neubewertung in 2020.[149]

Die Nichtbefolgung der Dokumentationspflichten soll mit Geldstrafen belegt werden, damit die Befolgung der Pflichten nicht teurer ist als ihre Nichtbefolgung.[150] Auch sollen die Unternehmen zu einer fristgerechten Abgabe der Unterlagen motiviert werden, indem ggf. bei Verrechnungspreiskorrekturen der Strafsteuersatz gemindert wird oder eine Beweislastumkehr hin zur Steuerverwaltung greift.[151]

Auf EU-Ebene wurden die BEPS-Handlungsempfehlungen durch die Richtlinie EU 2016/881 für die EU-Mitgliedsstaaten verpflichtend. Sie ist eine Änderungsrichtlinie der Richtlinie 2011/16/EU.[152] Die Änderungsrichtlinie orientiert sich stark an den Vorgaben der OECD, dies wird insbesondere durch Erwägungsgrund 17 deutlich. Dort wird bei Auslegungsfragen auf die Ausführungen der OECD in dem Abschlussbericht zu Aktionspunkt 13 verwiesen.[153]

In Deutschland wurden die Vorschriften der EU-Richtlinien bereits in nationales Recht umgesetzt. Dazu wurde das BEPS-UmsG 1 verabschiedet, welches am

---

[147] Vgl. OECD (2016), Aktionspunkt 13 – Abschlussbericht 2015, S. 18.

[148] Vgl. OECD (2016), Aktionspunkt 13 – Abschlussbericht 2015, S. 9.

[149] Vgl. OECD (2016), Aktionspunkt 13 – Abschlussbericht 2015, S. 10.

[150] Vgl. OECD (2016), Aktionspunkt 13 – Abschlussbericht 2015, S. 22.

[151] Vgl. OECD (2016), Aktionspunkt 13 – Abschlussbericht 2015, S. 23.

[152] Vgl. Richtlinie des Rates zur Änderung der Richtlinie 2011/16/EU bezüglich der Verpflichtung zum automatischen Austausch von Informationen im Bereich der Besteuerung vom 25.05.2016, Erwägungsgrund 11 und 13.

[153] Vgl. Richtlinie des Rates zur Änderung der Richtlinie 2011/16/EU bezüglich der Verpflichtung zum automatischen Austausch von Informationen im Bereich der Besteuerung vom 25.05.2016, Erwägungsgrund 17.

23.12.2016 verkündet wurde.[154] Artikel 1 des BEPS-UmsG sieht eine Änderung der Abgabenordnung dahingehend vor, dass § 90 Abs. 3 AO geändert und ein § 138a AO eingefügt wird.

Gem. § 138a Abs. 1 AO müssen Unternehmen mit mindestens einem Sitz im Ausland und einem konsolidierten Konzernumsatz von mehr als 750 Millionen Euro den länderbezogenen Bericht nationaler Unternehmensgruppen abgeben, sofern sie nicht in den Konzernabschluss eines anderen Unternehmens einbezogen werden. Diese Regelung führt dazu, dass im Idealfall nur die oberste Muttergesellschaft die länderbezogene Berichterstattung erstellt und diese dann den Finanzverwaltungen der Länder der konsolidierten Unternehmen im Wege eines automatischen Datenaustausches gem. § 138a Abs. 7 S. 1 AO zur Verfügung stehen. Allerdings ist ein inländisches Unternehmen gem. § 138a Abs. 4 S. 1 AO zur Abgabe eines länderbezogenen Berichtes verpflichtet, wenn die nach Abs. 1 verpflichtete Obergesellschaft keinen Bericht übermittelt hat. Durch die Übermittlung gilt die Berichterstattungspflicht auch gem. § 138a Abs. 4 S. 3 für alle anderen konsolidierten Unternehmen als erfüllt. Der länderbezogene Bericht muss gem. § 138a Abs. 6 AO spätestens ein Jahr nach Ablauf des Wirtschaftsjahres übermittelt werden, für das der Bericht zu erstellen ist. Inhaltlich werden gem. § 138a Abs. 2 AO vor allem Übersichten gefordert, die Angaben zu generierten Umsätzen und Steuerzahlungen in den jeweiligen Steuerhoheitsgebieten bereitstellen. Um eine einheitliche Implementierung zu gewährleisten hat die OECD Handbuch zur Umsetzung des Country-by-Country-Reportings veröffentlicht und erst am 08.02.2018 aktualisiert.[155]

Es ist absehbar, dass das Country-by-Country-Reporting in nicht wenigen Fällen zu Fehlinterpretationen führen wird.[156] Es müssen beispielsweise keine Anpassungen aufgrund der unterschiedlichen Rechnungslegungsgrundsätzen der einzelnen Steuerhoheitsgebiete vorgenommen werden.[157] Eine Vergleichbarkeit der erforderlichen Umsatz- und Kennzahlen ist daher fraglich.[158] So definieren sich

---

[154] Gesetz zur Umsetzung der Änderungen der EU-Amtshilferichtlinie und von weiteren Maßnahmen gegen Gewinnkürzungen und -verlagerungen, BGBl I 2016 S. 3000.

[155] Vgl. OECD (2018), Guidance on the Implementation of Country-by-Country Reporting – BEPS Action 13.

[156] Vgl. Kraft, G./ Heider, C., (2017), DStR S. 1353 (S. 1357).

[157] Vgl. Grotherr, S., (2016), IStR S. 991 (S. 996).

[158] Vgl. Kraft, G./ Heider, C., (2017), DStR S. 1353 (S. 1357).

zum Beispiel Umsatzerlöse gem. § 277 Abs. 1 HGB als Erlöse aus dem Verkauf, der Vermietung oder der Verpachtung von Produkten sowie aus der Erbringung von Dienstleistungen. Nach den HGB-Regelungen sind periodenübergreifende Dienstleistungen also erst mit Abschluss bzw. Abnahme n. § 640 BGB voll in der Gewinnerfassung zu berücksichtigen.[159] In der Rechnungslegung nach IFRS können Umsatzerlöse gem. IFRS 15.39 je nach Fertigstellungsgrad mittels der Percentage-of-Completetion-Methode (PoC-Methode) bilanziert werden. Auch wenn durch die Einführung des neuen IFRS 15 zusätzliche Voraussetzungen für die Anwendung der PoC-Methode im Vergleich zu IAS 11 eingeführt wurden,[160] ist von einem Auseinanderfallen der Werte auszugehen.

Weitere Diskrepanzen könnten sich auch aus der nicht ausschließlich identischen Umsetzung der BEPS-Empfehlungen in das deutsche Recht ergeben.[161] So empfiehlt die OECD bei der Berechnung der Mitarbeiterzahlen auf Vollzeitäquivalente abzustellen.[162] Die Gesetzesbegründung sieht eine ähnliche Regelung hingegen nicht vor, sodass auch Teilzeitbeschäftigte als volle Mitarbeiter gezählt werden könnten. Weiterhin ist nicht durch die OECD festgelegt, nach welcher Rechenmethode die durchschnittliche Anzahl der Mitarbeiter bestimmt werden soll.[163]

Abweichend zu den OECD-Vorschlägen sieht die EU in einem weiteren Richtlinienentwurf vor, die einschlägigen Daten auf den Unternehmensinternetseiten für einen Zeitraum von fünf Jahren für die Öffentlichkeit zugängig zu machen.[164] Die Kritik an diesem Vorhaben fußt auf dem Argument, dass es sich um wettbewerbssensible Informationen handelt und eine Veröffentlichung den Unternehmen unangemessen schaden würde.[165] Dem ist zuzustimmen. Zudem ist eine Veröffentlichung der Daten für die Erreichung des Ziels der Erhöhung der Transparenz gegenüber den Steuerbehörden nicht notwendig.

Auf welcher Sprache der Bericht erstellt werden soll ist ebenfalls nicht festgelegt. So schreibt § 87 Abs. 1 AO als Amtssprache Deutsch vor, vor dem Hintergrund des

---

[159] Vgl. Winnefeld, R., Kapitel G, Rn. 155.

[160] Vgl. Hold, C./ Harms, S., (2017), IRZ S. 113 (S. 116).

[161] Vgl. Kraft, G./ Heider, C., (2017), DStR S. 1353 (S. 1358).

[162] Vgl. OECD (2016), Aktionspunkt 13 – Abschlussbericht 2015, S. 38.

[163] Vgl. OECD (2016), Aktionspunkt 13 – Abschlussbericht 2015, S. 38.

[164] Vgl. EU Kommission, Dok. COM (2016) 198 final, S.9.

[165] Vgl. Spengel, C./ Stutzenberger, K., (2018), IStR S. 37 (S. 42).

automatischen Datenaustausches der Behörden und eventueller Übersetzungsfehler, ist jedoch ein Bericht in Englischer Sprache wünschenswert.[166]

Vor dem Hintergrund des vorgestellten Steuermodells von Nike bis 2013 wäre weiterhin wünschenswert, auch Zins- und Lizenzzahlungen in die Berichtspflicht aufzunehmen. Gerade immaterielle Wirtschaftsgüter eignen sich aufgrund ihrer einfachen Übertragung gut für die Verschiebung in andere Steuerhoheitsgebiete.[167] Lizenzzahlungen sollten daher angezeigt werden.

Grundsätzlich ist das zusätzliche Transparenzverlangen der Steuerbehörden verständlich, wenngleich fraglich ist, inwieweit diesem Verlangen durch das Country-by-Country-Reporting genügt wird. Dem zusätzlichen Erfüllungsaufwand, der je nach Unternehmensgröße und Anzahl der Gesellschaften im Ausland nicht zu unterschätzen ist, steht nur eine begrenzte Aussagekraft der Zahlen gegenüber. Der Gesetzgeber sollte daher zügig Auslegungsunsicherheiten beseitigen, um möglichst vergleichbare Daten zu erhalten. Zu begrüßen ist unter diesen Umständen, dass die Ergebnisse des Country-by-Country-Reportings ausdrücklich keinen eindeutigen Nachweis für die (Un-) Angemessenheit des Verrechnungspreissystems darstellen.[168] Auch ist die Berichterstattung m. E. geeignet, den Steuerpflichtigen dazu zu motivieren, sein Verrechnungspreissystem an die geltenden Grundsätze anzupassen.

3.2 Auf europäischer Ebene

3.2.1 Veröffentlichung der schwarzen Liste der EU Rates

Auch die Europäische Union machte die Bekämpfung von Steuervermeidung und –hinterziehung zur Priorität.[169] Der Europäische Rat veröffentlichte am 05.12.2017 in Reaktion auf die durch die Paradise Papers veröffentlichen Steuermissbrauchsmodelle eine Auflistung nicht kooperierender Steuergebiete.[170] Ziel

---

[166] Vgl. Kraft, G./ Heider, C., (2017), DStR S. 1353 (S. 1360).

[167] Vgl. Pinkernell, R, (2013), IStR S. 180 (S. 180).

[168] Vgl. OECD (2016), Aktionspunkt 13 – Abschlussbericht 2015, S. 19.

[169] Vgl. Vorschlag für eine Richtlinie des Rates zur Änderung der Richtlinie 2011/16/EU bezüglich des verpflichtenden automatischen Informationsaustauschs im Bereich der Besteuerung über meldepflichtige grenzüberschreitende Modelle vom 21.06.2017, Dok.: COM(2017) 335 final, Einleitung.

[170] Vgl. Europäische Kommission, Pressemitteilung vom 05.12.2017.

dieser Liste ist die Schaffung von mehr Transparenz und eine Motivation der Drittstaaten zur mehr fairem Steuerwettbewerb.[171]

Die Veröffentlichung des Europäischen Rates besteht aus mehreren Teilen, von denen sich Annex I und Annex II sich mit der Kategorisierung von Staaten befassen. Der Annex I wird allgemein als „schwarze Liste" verstanden. Dort werden nicht in Steuerangelegenheiten kooperierende Staat genannt.[172] Zunächst wurden 17 Staaten und Steuerjurisdiktionen in diesem Teil gelistet. Bei diesen Ländern handelt es sich um Amerikanisch-Samoa, Bahrain, Barbados, Grenada, Guam, die Republik Korea, die Sonderverwaltungsregion Macau, die Marshallinseln, Mongolei, Namibia, Palau, Panama, St. Lucia, Samoa, Trinidad und Tobago, Tunesien und die Vereinigte Arabische Emirate.[173] Am 23.01.2018 wurden acht Länder von dieser Liste entfernt und dem Annex II zugefügt.[174] Begründet wurde dies mit dem Bekenntnis dieser Staaten zu Maßnahmen zur Erhöhung der Steuertransparenz.[175] Augenscheinlich sind ausschließlich EU-Drittstaaten auf der Liste vertreten. Im Annex II werden Staaten aufgeführt, die die EU-Kriterien nicht zweifelsfrei erfüllen, sich jedoch entsprechenden Gegenmaßnahmen verschrieben haben.[176] Insgesamt sind, inklusive der Änderungen von Januar 2018, 55 Staaten und Steuerjurisdiktionen dort vertreten, unter ihnen Jersey, Hongkong und Liechtenstein.[177] Diese Länder haben beispielsweise zugesichert, an dem automatischen Datenaustausch durch Einführung des multilateralen Competent Authority Agreement, MCAA (s.o.) teilzunehmen, die identifizierten Steuervermeidungsstrategien zu verfolgen und zu bestrafen und die BEPS Minimumstandards einzuführen.[178]

Annex III erinnert an mögliche Abwehrmaßnahmen gegen Gewinnverlagerung aufgrund von Steuerbetrug, -hinterziehung und -vermeidung. Die Kommission verweist unter anderem auf verstärkte Überwachung, erhöhte Dokumentationsanforderungen, Quellensteuerbeschränkungen und Abzugsverbote von bestimm-

---

[171] Vgl. Klippenberg, J, (2018), IStR-LB S. 1.

[172] Vgl. Europäischer Rat, (2017), Dok. 15429/17, Annex I.

[173] Vgl. Europäischer Rat, (2017), Dok. 15429/17, Annex I.

[174] Vgl. Europäischer Rat, (2018), Dok. 5086/18, S. 2.

[175] Vgl. Europäischer Rat, (2018), Dok. 5086/18, S. 2.

[176] Vgl. Europäischer Rat, (2017), Dok. 15429/17, Annex II.

[177] Vgl. Klippenberg, J, (2018), IStR-LB S. 1.

[178] Vgl. Europäischer Rat, (2017), Dok. 15429/17, Annex II.

ten Betriebsausgaben.[179] Annex IV schreibt vor, den Annex I mindestens jährlich zu aktualisieren und stellt Anforderungen an die Zusagen der Länder, sich Gegenmaßnahmen zu verpflichten.[180] Demnach müssten die Zusagen auf höchster politischer Ebene erfolgen, konkret sein und einen Zeitrahmen der Erfüllung vorsehen. Der Europäische Rat will diese Entwicklungen stetig überwachen und im Dialog mit den betroffenen Ländern stehen.

In Annex V werden schließlich die Kriterien bestimmt, nach denen die Kategorisierung erfolgen soll.[181] Die Kriterien sind das vorhandene Transparenzniveau, das Bestehen eines funktionierenden Steuersystems und die Einhaltung von Anti-BEPS-Vorgaben, die kumulativ geprüft werden. Für das Kriterium der Transparenz wird vornehmlich auf die – voraussichtliche bzw. eingeleitete – Implementierung des Common Reporting Standards (CRS) und das Rating des Globalen Forums für Transparenz und Informationsaustausch als „weitgehend konform" („Largely Compliant") abgestellt. Das Steuersystem wird weiterhin dahingehend überprüft, inwieweit es schädliche Praktiken begünstigt und ob die erzielten Überschüsse der originär wirtschaftlichen Tätigkeit des Landes entsprechen. Letztlich erfolgt eine Einschätzung, inwieweit die Anti-BEPS-Vorschläge akzeptiert und umgesetzt wurden. Annex VI und VII befassen sich mit dem Zeitrahmen für die Implementierung von Gegenmaßnahmen und speziellen Anwendungsfragen der Kriterien. Es wird festgelegt, dass spätestens bis zum 31.12.2018 Maßnahmen getroffen werden sollen. Die einzelnen Fristen der internationalen Vorhaben gelten jedoch weiterhin.

3.2.2 Eine gemeinsame konsolidierte Körperschaftsteuerbemessungsgrundlage – das GKKB-Projekt

Schon früh identifizierte die Europäische Kommission das Bestehen unterschiedlicher Besteuerungssysteme im Binnenmarkt als einen Hauptgrund für Doppelbesteuerungsproblematiken und hohen Verwaltungskosten international aufgestellter Unternehmen.[182] Dahingehend veröffentlichte die Kommission 2011 einen ersten Richtlinienvorschlag zur Einführung einer gemeinsamen konsolidierten

---

[179] Vgl. Europäischer Rat, (2017), Dok. 15429/17, Annex III.
[180] Vgl. Europäischer Rat, (2017), Dok. 15429/17, Annex IV.
[181] Vgl. Europäischer Rat, (2017), Dok. 15429/17, Annex V.
[182] Vgl. Gröpl in: Dauses/ Ludwigs, (2017), Rn. 367.

Körperschaftsteuerbemessungsgrundlage (GKKB).[183] Der Richtlinienentwurf sieht ein dreistufiges Konzept vor, bei dem in einem ersten Schritt einheitliche Vorschriften zur Gewinnermittlung eingeführt, in einem zweiten Schritt die Gewinne der Unternehmensgruppe konsolidiert und in einem letzten Schritt diese durch eine Gewinnverteilungsformel auf die beteiligten Länder aufgeteilt werden sollen.[184] In dem 2015 vorgestellten Aktionspunkteplan der Kommission wurde die stufenweise Einführung der GKKB beschlossen, da auftretende Uneinigkeiten bei der Konsolidierung nicht die Arbeiten an den einheitlichen Gewinnermittlungsvorschriften verlangsamen sollten.[185] Vor diesem Hintergrund wurden am 25.10.2016 zwei neue Richtlinienvorschläge veröffentlicht. Der erste Vorschlag zu der Einführung einer gemeinsamen Körperschaftsteuerbemessungsgrundlage (GKB) befasst sich ausschließlich mit der Schaffung eines einheitlichen Regelwerkes zur Ermittlung der Körperschaftsteuerbemessungsgrundlage.[186] Der zweite Richtlinienentwurf betrifft die Konsolidierung und die anschließende Aufteilung der Unternehmensgruppengewinne.[187]

Ziel des Vorhabens ist es, aggressive Steuerplanungsmodelle zu bekämpfen und Gewinne dort auszuweisen, wo sie entstehen. Durch die Globalisierung und Digitalisierung seien die bisherigen Unternehmensbesteuerungsregelungen nicht mehr zeitgemäß.[188] Für die EU-Länder sei es auf nationaler Ebene kaum noch möglich, effektive Maßnahmen zur Bekämpfung von Gewinnverlagerung zu treffen, sodass ein gemeinsames Vorgehen auf EU-Ebene notwendig sei.[189] Für die Unternehmen sei dieses Projekt vorteilhaft, da sie nur noch ein Besteuerungssystem innerhalb der EU befolgen müssten und sich so der Verwaltungsaufwand

---

[183] Vgl. Richtlinienentwurf des Rates über eine Gemeinsame konsolidierte Körperschaftsteuerbemessungsgrundlage (GKKB) vom 16.3.2011, Dok. KOM(2011) 121 endgültig.

[184] Vgl. Evers, M./ Finke, K./ Köstler, M./ Meier, I./ Scheffler, W./ Spengel, C. (2014), S. 2,3.

[185] Vgl. Europäische Kommission, Dok. KOM(2015) 302 endgültig, S.8.

[186] Vgl. Vorschlag für eine Richtlinie des Rates über eine Gemeinsame Körperschaftsteuerbemessungsgrundlage vom 25.10.2016, Dok. COM(2016) 685 final.

[187] Vgl. Vorschlag für eine Richtlinie des Rates über eine Gemeinsame konsolidierte Körperschaftsteuer-Bemessungsgrundlage (GKKB), Dok. COM(2016) 683 final, S. 3.

[188] Vgl. Vorschlag für eine Richtlinie des Rates über eine Gemeinsame Körperschaftsteuerbemessungsgrundlage vom 25.10.2016, Dok. COM(2016) 685 final, S. 2.

[189] Vgl. Vorschlag für eine Richtlinie des Rates über eine Gemeinsame Körperschaftsteuerbemessungsgrundlage vom 25.10.2016, Dok. COM(2016) 685 final, S. 2.

deutlich verringern soll.[190] In einer von der Kommission veröffentlichten Wirkungsanalyse wird von einer Reduktion in Höhe von 62 % der Befolgungskosten auf Unternehmensebene im Falle der Einführung beider Richtlinienentwürfe ausgegangen.[191] Die Zahl ist hauptsächlich auf die dann nicht mehr erforderliche Erstellung einer Verrechnungspreisdokumentation zurückzuführen.[192]

Inhaltlich stellt die GKB bei der Bestimmung der Gewinnermittlungsvorschriften auf die International Accounting Standards (IAS) und die International Financial Reporting Standards (IFRS) ab.[193] Das zeigt sich insbesondere bei der Behandlung von Verträgen mit langer Laufzeit nach Art. 22 GKB-RLE$_{2016}$. Demnach sind Verträge mit einer Laufzeit von mehr als 12 Monaten nach der Percentage-of-Completion-Methode anzusetzen, die auch bei einer Rechnungslegung nach IFRS gem. IFRS 15 anzuwenden ist. Neu im Vergleich zum Richtlinienentwurf aus 2011 sind die Begünstigungsregelungen für Forschungs- und Entwicklungsaufwendungen aus Art. 9 Nr. 3 GKB-RLE$_{2016}$, die Einführung eines Freibetrages für Wachstum und Investitionen n. Art. 11 GKB-RLE$_{2016}$ sowie die Möglichkeit zum grenzüberschreitenden Verlustausgleich n. Art. 42 GKB-RLE$_{2016}$.[194]

Der zweite Richtlinienentwurf sieht zunächst eine Konsolidierung der ermittelten Steuerbemessungsgrundlagen innerhalb einer Unternehmensgruppe vor, Kap. III GKKB-RLE$_{2016}$. Anschließend folgt eine formelhafte Aufteilung der gemeinsamen Bemessungsgrundlage auf Länderebene, Kap. VIII GKKB-RLE$_{2016}$. Maßgebende Einflussgrößen der Aufteilung sind dabei gem. Art. 28 GKKB-RLE$_{2016}$ die Anzahl der Mitarbeiter, die Lohnsumme, die Höhe der Vermögenswerte und der Umsatz auf nationaler Ebene im Verhältnis zum Gesamtwert der Gruppe. Die Formel gewichtet jeden Faktor zu einem Drittel und hat sich im Vergleich zum Richtlinienentwurf aus 2011 nicht geändert. Änderungen wurden lediglich im Rahmen der Begriffsbestimmungen der Faktoren vorgenommen.

---

[190] Vgl. Vorschlag für eine Richtlinie des Rates über eine Gemeinsame Körperschaftsteuerbemessungsgrundlage vom 25.10.2016, Dok. COM(2016) 685 final, S. 3.

[191] Vgl. Europäische Kommission, Dok. SWD(2016) 341 final, S. 136.

[192] Vgl. Europäische Kommission, Dok. SWD(2016) 341 final, S. 136.

[193] Vgl. Gröpl in: Dauses/ Ludwigs, (2017), Rn. 370.

[194] Vgl. Spengel, C./ Stutzenberger, K., (2018), IStR S. 37 (S. 39).

3.2.3 Einschätzung der Effektivität der Maßnahmen

Die Idee, Listen mit nichtkooperativen Staaten zu erstellen ist nicht neu. Die Financial Action Task Force (FATF) hat sich zum Ziel gemacht, Geldwäsche zu bekämpfen.[195] Hierzu veröffentlicht sie unter anderem Listen mit Ländern, die eine besondere Gefahr zur Geldwäsche aufweisen.[196] Die Liste bewirkt, dass Transaktionen mit gelisteten Ländern per se als verdächtig eingestuft werden und besonderen Prüfungsmechanismen zu unterwerfen sind.[197] Die FATF, als eine von der OECD unabhängige Organisation, entwickelte sich dabei zum Motor der Geldwäschebekämpfung.[198] Denkbar wäre es m. E. daher, sich an Listen das FATF zu halten. Eine Vielzahl von unterschiedlichen Listen ist nicht zielführend und schafft ein unübersichtliches Handelsumfeld.

Die OECD hat bereits im Jahr 2000 eine Liste mit nicht kooperativen Steueroasen („List of Unco-operative Tax Havens") veröffentlicht. Von den zunächst 41 gelisteten Ländern verschrieben sich bis Anfang 2002 bereits 31 Staaten den OECD Standards, bis 2009 folgten diesem Vorbild auch die verbleibenden Staaten.[199] Bei dem G20-Gipfel 2016 in Hangzhou (China) wurde die OECD mit einer Neuauflage der Liste bis 2017 beauftragt.[200] Im September 2017 veröffentlichte die OECD dann eine Liste nicht-kooperierender Staaten, auf der einzig die Republik Trinidad und Tobago steht.[201]

Nicht zu unterschätzen ist m. E., dass die Veröffentlichung von Listen mit unkooperativen Staaten häufig mit Pauschalisierungen einhergeht. Das kann in Bezug auf einige Staaten durchaus gerechtfertigt sein, in anderen Fällen könnte es zu ungerechtfertigten Vorverurteilungen kommen. Unter diesem Gesichtspunkt ist es besonders wichtig, klare und detaillierte Kriterien aufzustellen, anhand derer eine Kategorisierung vorgenommen wird. Das ist gerade bei der Liste der EU

---

[195] Vgl. Herzog/Achtelik in: Herzog/Achtelik, GWG, Einleitung, Rn. 62.

[196] Vgl. Grützner, T./Jakob, A., (2015), FATF.

[197] Vgl. Herzog/Achtelik in: Herzog/Achtelik, GWG, Einleitung, Rn. 70.

[198] Vgl. Herzog/Achtelik in: Herzog/Achtelik, GWG, Einleitung, Rn. 61, 72.

[199] Vgl. OECD, List of Unco-operative Tax Havens, http://www.oecd.org/countries/monaco/listofunco-operativetaxhavens.htm, zuletzt abgerufen am 13.03.2018.

[200] Vgl. Bericht der Bundesregierung über den G20-Gipfel in Hangzhou/China vom 4. bis 5. September 2016, S. 4.

[201] Vgl. OECD, (2017), State of Play on the international tax transparency standards, S. 2.

nicht anzunehmen. Die Prüfungspunkte sind vage und allgemein. Es ist im Gegensatz zu dem Vorgehen auf Ebene der OECD[202] nicht im Detail nachvollziehbar, welcher Aspekt zu einer Kategorisierung in einer der beiden Annexe führt. Auch ist nicht verständlich, warum keine EU-Staaten auf der Liste sind. Wie das Nike Modell aufzeigt, gehören auch die Niederlande zu den Staaten, die mit ihrem Steuersystem Strukturen zur Steuervermeidung begünstigen. Der jüngst veröffentlichte Oxfam Bericht zu einer schwarzen Liste in der EU geht diesbezüglich von politisch motivierten Hintergründen aus.[203]

Abzuwarten bleibt weiterhin, ob die Staaten, die sich Gegenmaßnahmen verschrieben haben, diese auch tatsächlich umsetzen. Auf der ersten Liste der OECD war auch Panama gelistet, welches sich am 15.04.2002 zu den OECD Standards bekannte und daraufhin von der Liste entfernt wurde.[204] Wie jedoch die 2016 veröffentlichten Panama Papers zeigen, wurden die Transparenzanforderungen umgangen bzw. nie konsequent umgesetzt. Das Bankgeheimnis gilt unverändert und Finanzdienstleistungen mit Offshore-Gesellschaften stellen nach wie vor die wichtigste Stütze der panamaischen Wirtschaft dar.[205] Eine regelmäßige Kontrolle der Umsetzung ist also unabdingbar.

Die GK(K)B setzt im Gegensatz zur ATAD direkt an der Ursache der Steuervermeidungspraktiken an und nicht an deren Folgen. Die ATAD und das CbCR nehmen die Anti-Missbrauchsvorschriften der GK(K)B vorweg, ohne jedoch die Vorteile für die Unternehmen mitzubringen. Das bedeutet gleichzeitig, dass bei Einführung des GKKB-Systems die ATAD gegenstandslos wird. Jedoch wurden aufgrund bestehender Uneinigkeiten bezüglich der Ausgestaltung der GK(K)B zunächst lediglich die ATAD umgesetzt.[206]

---

[202] Die OECD veröffentlichte detaillierte Berichte über die Prüfung der jeweiligen Länder, diese wurden im State of Play on the international tax transparency standards verlinkt.

[203] Vgl. Oxfam, (2017), S. 10, 11.

[204] Vgl. OECD, Jurisdictions Committed to Improving Transparency and Establishing Effective Exchange of Information in Tax Matters, http://www.oecd.org/countries/monaco/jurisdictionscommittedtoimprovingtransparency andestablishingeffectiveexchangeofinformationintaxmatters.htm, zuletzt abgerufen am 13.03.2018.

[205] Vgl. Merten, H.-L, (2017), S. 165.

[206] Vgl. Spengel, C./ Stutzenberger, K., (2018), IStR S. 37 (S. 40).

Die Aufteilungsfaktoren bei der formelhaften Gewinnverteilung im Rahmen der GKKB entsprechen im Wesentlichen den berichtspflichtigen Daten des CbCR.[207] Da die Berechnung des zugewiesenen Anteils für das jeweilige Land Inhalt der abzugebenden konsolidierten Steuererklärung gem. Art. 52 GKKB-RLE$_{2016}$ ist, wären durch die Umsetzung der GKKB auch die zusätzlichen Berichtspflichten nach dem CbCR überflüssig. Das Projekt der GK(K)B verbindet also die Vorteile der Gewinnverschiebungsbekämpfungsmaßnahmen mit den Vorteilen für die Steuerpflichtigen und sollte aus diesem Grund weiter verfolgt werden.[208] Zu beachten ist jedoch, dass die genannten Nachteile beispielsweise des CbCR weiterhin in Bezug auf Drittstaaten bestehen bleiben.

Die zahlreichen und von unterschiedlichen Institutionen vorangetriebenen Projekte schaffen für die Unternehmen ein hohes Maß an Rechts- und Planungsunsicherheit. Auch besteht die Gefahr, dass durch das ambitionierte Vorgehen der EU, welches OECD Ergebnisse überschießend umsetzt, einen Wettbewerbsnachteil für die Europäische Union erzeugt.[209]

3.3 Auf nationaler deutscher Ebene

3.3.1 Der Gestaltungsmissbrauch nach § 42 AO

3.3.1.1 Allgemeiner Normzweck

Die allgemeine Missbrauchsklausel der Abgabenordnung ist in § 42 AO kodifiziert. Gem. § 42 Abs. 1 S. 1 AO kann das Steuergesetz nicht durch missbräuchliche Gestaltung umgangen werden. Dabei handelt es sich streng genommen nicht um ein Verbot, vielmehr ist es normlogisch unmöglich, steuerrechtliche Konsequenzen zu umgehen.[210] Steuerumgehung ist an sich kein Straftatbestand.[211] Sie ermöglicht der Finanzverwaltung lediglich gem. § 42 Abs. 1 S. 3 AO die Steuer so festzusetzen, als existiere die missbräuchliche Gestaltung nicht. Eine Strafe sieht § 370 AO für den Tatbestand der Steuerhinterziehung vor, die auf fehlende, unvollständige oder unrichtige Angaben des Steuerpflichtigen zurückzuführen ist.

---

[207] Vgl. Spengel, C./ Stutzenberger, K., (2018), IStR S. 37 (S. 42).
[208] Vgl. Spengel, C./ Stutzenberger, K., (2018), IStR S. 37 (S. 43).
[209] Vgl. Kohnz, C., (2017), Rn. 11.
[210] Vgl. Ratschow in: Klein, AO, § 42, Rn. 7.
[211] Vgl. Koenig in: Koenig, AO, § 42, Rn. 9.

Dem Anwendungserlass zur Abgabenordnung (AEAO) zu § 42 AO Nr. 3 folgend kann jedoch eine Steuerhinterziehung angenommen werden, wenn der Steuerpflichtige unwahre Angaben zur Verschleierung der Steuerumgehung macht.

3.3.1.2 Verhältnis zu anderen Normen

Der BFH vertritt die Ansicht, dass die Prüfung der inländischen Steuerpflicht n. § 10 AO der Prüfung des Missbrauchstatbestandes n. 42 AO vorgeht.[212] Eine Gesellschaft ist n. § 1 Abs. 1 KStG i.V.m. § 10 AO im Inland unbeschränkt steuerpflichtig, wenn der Ort der Geschäftsleitung im Inland belegen ist. Eine ausländische Gesellschaft mit inländischer Geschäftsleitung und inländischen Einkünften wird regelmäßig keine Steuerminderung erfahren, sodass der Anwendungsbereich des § 42 AO nicht eröffnet wird.[213] Der Ort der Geschäftsleitung ist n. § 10 AO der Ort der geschäftlichen Oberleitung. Unter diesem Begriff ist der Ort zu verstehen, an dem der für die Geschäftsführung maßgebliche Wille gebildet wird, d.h. wo die zur Vertretung berufenen Personen das Tagesgeschäft planen.[214] Richtig ist, dass Basisgesellschaften nicht selten von inländischen Gesellschaftern geführt werden,[215] dies kann m. E. jedoch nicht per se zu einer Geschäftsleitung im Inland führen. In Zeiten von modernen Kommunikationsmöglichkeiten ist der Ort der Geschäftsleitung nicht immer leicht zu bestimmen oder gar auf einen Ort zu reduzieren.[216] Um eine überschießende Anwendung der Norm zu vermeiden, sollte sie eng ausgelegt werden.

Das Verhältnis zu speziellen Missbrauchsklauseln wie §§ 7, 8 AStG und 52d EStG ist indes komplexer. Einerseits wird angeführt, § 42 AO gehe rechtslogisch den spezielleren Normen vor.[217] Der Vorrang setze allerdings gleichzeitig voraus, dass die Gestaltung auch nach den Maßstäben der §§ 7, 8 AO missbräuchlich ist.[218] Die Klausel aus § 42 AO enthalte laut BFH folglich keinen eigenen Bewertungsmaßstab, dieser sei aus dem „umgangenen" Gesetz als flankierende Vorschrift zu ent-

---

[212] Vgl. BFH, Beschl. v. 11.2.2014 - III B 16/13, BeckRS 2014, 94633, Rn. 8.

[213] Vgl. Kudert, S./ Birk, M., (2017), IStR S. 6 (S. 8).

[214] Vgl. Peters, S, (2016), NZWiSt S. 374 (S. 377).

[215] Vgl. Peters, S, (2016), NZWiSt S. 374 (S. 377).

[216] Vgl. Kratzsch in: Schwarz/ Pahlke, AO, § 10, Rn. 2; siehe auch Seibold, S., IStR 2003, S. 45.

[217] Vgl. Jacobs, O. / Endres, D. / Spengel, C., (2016), S. 399.

[218] Vgl. Rödl/ Grube in: Wabnitz/ Janovsky, Kapitel 21, Abschn. III, Rn. 40.

nehmen.[219] Davon abweichend sieht das Bundesfinanzministerium andererseits in Nr. 1 zu § 42 AEAO ein Alternativverhältnis zwischen den Normen. Demnach ist zunächst zu prüfen, ob eine speziellere Norm vorliegt und ihre Voraussetzungen erfüllt sind. Ist dies gegeben, bestimmen sich die Rechtsfolgen allein nach dieser Vorschrift. Gleichzeitig wird der Generalklausel n. § 42 AO eine Auffangfunktion zugesprochen. Ein Alternativverhältnis unter Vorrang der Spezialnormen bejaht zunächst auch eine dritte Meinung, eine Auffangfunktion von § 42 AO wird jedoch strikt abgelehnt.[220] Dies könne nur angenommen werden, wenn dies ausdrücklich im Gesetz – wie etwa in § 36a Abs. 7 EStG geschehen – vorgesehen sei.[221]

Der dritten Auffassung nach wären im Falle einer Basisgesellschaft §§ 7, 8 AStG die lex specialis zu § 42 AO und daher ausschließlich anzuwenden. Gem. § 8 Abs. 1 AStG müssten die Einkünfte einer niedrigeren Besteuerung unterliegen. Angenommen die Basisgesellschaft sei vornehmlich aus Gründen der Verschleierung gegründet, ist eine niedrigere Besteuerung nicht zwingend gegeben und die Gesellschaft würde endgültig keiner Missbrauchsklausel unterliegen. Dem ist im Ergebnis nicht zuzustimmen. Der Vorrang der Spezialnormen erscheint rechtslogisch, ein Auffangtatbestand ist jedoch zur lückenlosen Missbrauchsvermeidung notwendig. Der zweiten Auffassung ist daher zu folgen.

3.3.1.3 Anwendung auf die Anerkennung von Basisgesellschaften

Der BFH hat sich schon oft damit befassen müssen, ob die Zwischenschaltung einer ausländischen Basisgesellschaft den Tatbestand des Rechtsmissbrauchs n. § 42 AO erfüllt.[222] Der Steuerpflichtige ist grundsätzlich frei in seiner Entscheidung, die rechtliche und organisatorische Gestaltung in seinem Unternehmen auch im Ausland frei zu bestimmen.[223] Unter den Rechtsmissbrauch n. § 42 AO fallen gem. Abs. 2 AO unangemessene Gestaltungen, die bei dem Steuerpflichtigen oder einem Dritten im Vergleich zu einer angemessenen Gestaltung zu Steuervorteilen führen, die der Gesetzgeber in der Art nicht vorgesehen hat.

---

[219] Vgl. BFH, Urt. v. 17.1.2017 - VIII R 7/13, DStR 2017 S. 1024 (S. 1027).

[220] Vgl. Gosch, D., (2017), IWB S. 876 (S. 877).

[221] Vgl. Gosch, D., (2017), IWB S. 876 (S. 877).

[222] Vgl. BFH, Urt. v. 20. 3. 2002 - I R 38/00, IStR S. 597; so auch BFH, Beschl. v. 11.2.2014 - III B 16/13, BeckRS 2014, 94633.

[223] Vgl. Jacobs, O. / Endres, D. / Spengel, C., (2016), S. 401.

Nach stetiger BFH-Rechtsprechung liegt eine unangemessene Gestaltung vor, wenn für die Zwischenschaltung der Gesellschaft wirtschaftliche oder andere beachtliche Gründe fehlen.[224] Es muss sich bei den Gründen für diese Gestaltung gem. § 42 Abs. 2 S. 2 AO ausdrücklich um außersteuerliche Gründe handeln. Abgestellt wird dabei besonders auf den Gründungszeitpunkt der ausländischen Gesellschaft.[225] Im Umkehrschluss bedeutet dies, dass der Tatbestand des § 42 AO regelmäßig erfüllt ist, wenn für den Steuerpflichtigen allein steuerliche Gründe für die Gründung einer ausländischen Gesellschaft ausschlaggebend sind. Es wird seitens der Finanzverwaltung widerlegbar vermutet, dass wirtschaftliche Gründe fehlen, wenn die Gesellschaft weder über Büroräume, Personal und einen Telefonanschluss verfügt.[226] Gleichzeitig stellt die Rechtsprechung aber hohe Anforderungen für die Annahme des Rechtsmissbrauchs.[227] Durch die Dublin-Docks Entscheidung des BFH wurde der Anwendungsbereich des § 42 AO in Hinblick auf EU-Staaten eingeengt.[228] Ein Gestaltungsmissbrauch liegt demnach nicht vor, wenn die ausländische Gesellschaft, aus welchen Gründen auch immer, nicht nur vorübergehend mit dem Ziel der Vermeidung einer drohenden steuerlichen Belastung zu entgehen gegründet wurde.[229] Sobald der Steuerpflichtige außersteuerliche Interessen im Sitzstaat der Basisgesellschaft verfolgt, wird ein Missbrauch nach § 42 AO abzulehnen sein.[230] Es ist zudem nicht erforderlich, dass es sich bei dem Sitzstaat der Basisgesellschaft um ein Niedrigsteuerland handelt.[231]

Die Bewertung der Basisgesellschaft als missbräuchlich hat zur Konsequenz, dass ihr die Abschirmwirkung aberkannt und sie als steuerlich transparent behandelt wird.[232] Ihre Einkünfte werden also direkt den Gesellschaftern zugerechnet.[233]

Dieser Ansatz verdeutlicht, dass zivilrechtliche Gestaltungen grundsätzlich anzuerkennen sind, wenn sie nicht der Manipulation dienen. In diesen Fällen ist eine

---

[224] Vgl. BFH, Urt. v. 20.03.2002 – I R 63/99, DStR 2002, S. 1348, m.w.N.

[225] Vgl. Jacobs, O. / Endres, D. / Spengel, C., (2016), S. 402.

[226] Vgl. Rödl/ Grube in: Wabnitz/ Janovsky, Kapitel 21, Abschn. III, Rn. 43.

[227] Vgl. Kudert, S./ Birk, M., (2017), IStR S. 6 (S. 7).

[228] Vgl. BFH, Urt. v. 25. 2. 2004 – I R 42/02, DStR 2004, S. 1282.

[229] Vgl. BFH, Urt. v. 25. 2. 2004 – I R 42/02, DStR 2004, S. 1282 (S. 1284).

[230] Vgl. Jacobs, O. / Endres, D. / Spengel, C., (2016), S. 405.

[231] Vgl. BFH, Beschl. v. 23.10.2002 – I R 39/01, BeckRS 2002, 25001351, Leitsatz.

[232] Vgl. Kudert, S./ Birk, M., (2017), IStR S. 6 (S. 7).

[233] Vgl. Rödl/ Grube in: Wabnitz/ Janovsky, Kapitel 21, Abschn. III, Rn. 38.

Betrachtung der wirtschaftlichen Verhältnisse vorzunehmen.[234] In der Praxis wird es aber regemäßig mit hohem Aufwand verbunden sein, die genauen Verhältnisse zu bestimmten. Die verstärkte Gewichtung der wirtschaftlichen Betrachtungsweise ist jedoch zu begrüßen. Bei konsequenter Anwendung dürften Basisgesellschaften oft den Anwendungsbereich des § 42 AO fallen. Komplexe Steuervermeidungsmodelle würden daher in Deutschland nicht anerkannt werden. In der Praxis wird das Problem jedoch eher in der Beschaffung der notwendigen Informationen liegen. Dabei könnten jedoch die neu eingeführten bzw. geplanten Meldepflichten Abhilfe schaffen.

3.3.2 Das Steuerumgehungsbekämpfungsgesetz von 2017

Auch der Bundesrat sieht fehlende Transparenz sowie einen fehlenden Informationsaustausch als Begünstigungsfaktor für Steuerflucht.[235] Als Reaktion auf die Panama Papers in 2016 beschleunigte die Bundesregierung die Verabschiedung des Steuerumgehungsbekämpfungsgesetzes (StUmgBG).[236] Das Gesetz ist dabei als zusätzliche nationale Antwort auf Steuerumgehung parallel zu den aufgezeigten europaweiten und internationalen Maßnahmen zu verstehen.[237] Ziel des Gesetzes ist es, die Feststellungsmöglichkeiten der Finanzverwaltung bezogen auf beherrschende Geschäftsbeziehungen zu Drittstaaten zu verbessern.[238] Es wird wiederholt auch auf die präventive Wirkung durch die Erhöhung des Entdeckungsrisikos verwiesen.[239] Besonders umfassende Änderungen ergeben sich in Bezug auf die Abgabenordnung. So entfällt unter anderem § 30a AO vollständig, § 138 AO und § 154 AO werden umfassend geändert und ein neuer § 138b AO wird eingefügt.[240]

In § 30a AO war bislang der Schutz von Bankkunden kodifiziert. Ein echtes Bankgeheimnis war jedoch nie durch § 30a AO gegeben, da den Bankmitarbeitern kein Auskunftsverweigerungsrecht wie in §§ 101-103 AO zugestanden wurde.[241]

---

[234] Vgl. BFH, Urt. v. 20.03.2002 – I R 63/99, DStR 2002, S. 1348, m.w.N.

[235] Vgl. Bundesrat, Drucksache 186/16, S.1 Rn.1.

[236] Vgl. Deutscher Bundestag, Drucksache 18/11132, S. 1.

[237] Vgl. Schmidt. C./ Ruckes, A., (2017), IStR S. 473 (S. 474).

[238] Vgl. Deutscher Bundestag, Drucksache 18/11132, S. 2.

[239] Vgl. Deutscher Bundestag, Drucksache 18/11132, S. 1.

[240] Vgl. Deutscher Bundestag, Drucksache 18/11132, Anlage 1.

[241] Vgl. Schmidt. C./ Ruckes, A., (2017), IStR S. 473 (S. 475).

Durch die Aufhebung wird vor allem klargestellt, dass Banken im Gegensatz zu Rechtsanwälten und Steuerberatern ausdrücklich keine besonderen Rechte und Pflichten innehalten.[242] Die Abschaffung soll bestehende Vollzugshindernisse bei Sachverhaltsaufklärungen beseitigen.[243]

§ 138 AO kodifiziert in Absatz 3 eine Anzeigepflicht des Steuerpflichtigen bei Betriebsgründungen und dem Erwerb oder der Veräußerung von Beteiligungen im Ausland. Im Vergleich zur vorigen Fassung zeigt sich, dass nun auch Veräußerungen anzuzeigen und mittelbare und unmittelbare Beteiligungen aufzuaddieren sind. Die relative Schwelle von 10 % und die absolute Schwelle von 150 000 Euro für die Begründung der Anzeigepflicht bleiben bestehen. Nach § 138 Abs. 2 Nr. 3 AO a.F. galt diese relative Schwelle jedoch nur für direkte Beteiligungen, mittelbare Beteiligungen waren erst ab 25 % anzuzeigen. Insgesamt führt die Neufassung also dazu, dass eine geringe Schwelle für eine Berichtspflicht besteht. Dem Wortlaut der Vorschrift nach sind Veräußerungen anzuzeigen, wenn damit eine Beteiligung von mindestens 10 % erreicht wird. Aufgrund der unklaren Formulierung ist denkbar, dass damit Veräußerungen in Höhe von 10 % gemeint sind oder Veräußerungen, bei denen die Beteiligung auch danach mehr als 10 % beträgt.[244] Aufgrund der Unbestimmtheit wird in dieser Norm ein Verstoß gegen § 3 OwiG und Art. 103 Abs. 2 GG gesehen.[245] Eine Anzeigepflicht besteht gem. § 138 Abs. 2 Nr. 4 AO von nun an auch, wenn erstmals (un-)mittelbar ein beherrschender Einfluss auf die gesellschaftsrechtlichen, finanziellen oder geschäftlichen Angelegenheiten einer Drittstaatengesellschaft ausgeübt werden kann. Deutlich wird hier die starke Annäherung an die wirtschaftliche Betrachtungsweise. In § 138 AO unterbleibt jedoch eine Legaldefinition des beherrschenden Einflusses.

Der neu eingeführte § 138b AO enthält Anzeigepflichten für mitteilungspflichtige Stellen. Die Einstufung als mitteilungspflichtige Stelle bestimmt sich n. § 2 Abs. 1 Nr. 1-3 GWG. Meldepflichtig sind dabei, wie bei dem Meldeverfahren nach CRS, Kreditinstitute und Finanzdienstleistungsunternehmen. So haben diese Stellen gem. § 138b Abs. 1 S. 2 AO anzuzeigen, wenn der inländische Steuerpflich-

---

[242] Vgl. Deutscher Bundestag, Drucksache 18/11132, S. 23.
[243] Vgl. Deutscher Bundestag, Drucksache 18/11132, S. 22.
[244] Vgl. Seevers, M.-H./ Handel, T., (2017), DStR S. 522 (S. 523).
[245] Vgl. Seevers, M.-H./ Handel, T., (2017), DStR S. 522 (S. 523).

tige aufgrund einer von ihr hergestellten oder vermittelten Beziehung einen beherrschenden Einfluss auf eine Drittstaatgesellschaft ausüben kann (Nr. 1) oder wenn er aufgrund einer von ihr hergestellten oder vermittelten Beziehung eine Beteiligung von mehr als 30 % an einer Drittstaatgesellschaft erlangt (Nr. 2). Bei der ersten Fallgestaltung muss die meldepflichtige Stelle positive Kenntnis der Umstände haben, bei der zweiten reicht ein Kennen-müssen für die Anzeigepflicht. Bei beiden Fallkonstellationen ist unklar, wie eine Herstellung oder Vermittlung einer Beziehung auszulegen ist und wann das Kriterium der Kausalität erfüllt ist.[246] Weiterhin ist gem. § 138b Abs. 2 AO vorgeschrieben, die Anzeige für jeden Steuerpflichtigen und jeden Sachverhalt einzeln abzugeben. Es ist nicht ersichtlich, welcher Vorteil aus den einzelnen Anzeigen im Vergleich zu Sammelanzeigen je Steuerpflichtigen zu erwarten ist. Im Gegenteil ist mit einer Flut von Anzeigen und hohem Befolgungsaufwand zu rechnen. Der Anwendungsbereich dieser Vorschrift wird daher zu Recht in der Literatur als uferlos kritisiert.[247]

Hinzukommend wird die Legitimationsprüfung aus § 154 AO dahingehend erweitert, dass zur Identifizierung nunmehr neben dem Kontoinhaber und dem Verfügungsberechtigten auch der wirtschaftliche Berechtigte identifiziert werden muss.[248] Kreditinstitute müssen nun gem. § 154 Abs. 2, 2a AO von jedem Kontoinhaber, jedem Verfügungsberechtigten und jedem wirtschaftlichen Berechtigten Name, Anschrift und die steuerliche Identifikationsnummer ermitteln und dokumentieren. Auf die steuerliche Identifikationsnummer kann n. Abs. 2a S. 3 bei Kreditkonten verzichtet werden, wenn der Kredit ausschließlich zur Finanzierung privater Konsumgüter dient und der Kreditrahmen 12 000 Euro nicht übersteigt. Die am 11.12.2017 veröffentlichte Änderung des AEAO zu § 154 schließt weiterhin die Identifizierungspflicht der Verfügungsberechtigten für die in Nr. 11.1 AEAO zu § 154 genannten Personengruppen aus. Darunter fallen beispielsweise gem. Buchstabe k Unternehmensvertreter, sofern schon mindestens fünf verfügungsberechtigte Personen einer Legitimitätsprüfung unterzogen wurden. Diese Ausnahmen gelten gem. Nr. 11.2 auch bei der Ermittlung der wirtschaftlich Berechtigten, sofern dieser gleichzeitig Verfügungsberechtigter ist oder wenn es sich um ein Konto mit einem geringen Missbrauchsrisiko handelt. Die Ausnahmen un-

---

[246] Vgl. Schmidt. C./ Ruckes, A., (2017), IStR S. 473 (S. 476).

[247] Vgl. v. Schweinitz, O./Schneider-Deters, I., (2017), IStR S. 344 (S. 347).

[248] Vgl. v. Schweinitz, O./Schneider-Deters, I., (2017), IStR S. 344 (S. 347).

terscheiden sich sehr von denen des CRS. So sind nach BMF-Schreiben vom 01.02.2017 insbesondere Altersvorsorgekonten und andere steuerbegünstigte Konten von der Meldepflicht nach CRS ausgenommen. [249] Explizit werden diese Ausnahmen nicht in § 154 AO genannt, ob sie unter Konten mit geringem Missbrauchsrisiko fallen ist denkbar, aber bisher unbestimmt. Anzuwenden ist dieses Identifikationsverfahren gem. Art. 97 § 26 EGAO erstmals für nach dem 31.12.2017 begründete Geschäftsbeziehungen.

Das StUmgBG stößt in der Literatur durchweg zu Recht auf Kritik.[250] Die überschießende Umsetzung des Meldesystems ist geeignet, deutsche Kreditinstitute durch sehr hohen Befolgungsaufwand unangemessen zu benachteiligen.[251] Das StUmgBG steht dabei im Gegensatz zu einem Beschluss des Bundesrates. Dort wurde als sinnvoll erachtet, steuerunehrlichem und unlauterem Verhalten verstärkt auf internationaler Ebene zu begegnen.[252] Dieses Vorgehen erscheint sinnvoll, zumal die Divergenz der unterschiedlichen Steuersysteme regelmäßig als Hauptgrund für das Bestehen von Steuermeidung identifiziert wird.[253]

---

[249] Vgl. BMF-Schreiben v. 1.2.2017, IV B 6, Rn. 151.

[250] Vgl. Seevers, M.-H./ Handel, T., (2017), DStR S. 522 (532); so auch Schmidt. C./ Ruckes, A., (2017), IStR S. 473 (S. 479) sowie Beckschäfer, S., (2017) ZRP, S. 41 (S. 43).

[251] Vgl. Schmidt. C./ Ruckes, A., (2017), IStR S. 473 (S. 479).

[252] Vgl. Bundesrat, Drucksache 186/16, S. 2 Nr. 3.

[253] Vgl. OECD, (2015), Erläuterungen zu den Abschlussberichten 2015, S. 4; siehe auch Richtlinie des Rates mit Vorschriften zur Bekämpfung von Steuervermeidungspraktiken mit unmittelbaren Auswirkungen auf das Funktionieren des Binnenmarkts vom 12.07.2016, Dok. 2016/1164., Erwägungsgrund 16.

4 Fazit und Ausblick

In allen Maßnahmen wird deutlich, dass in Zukunft verstärkt auf die wirtschaftliche Betrachtungsweise abgestellt werden soll. Das ist m. E. richtig, wenngleich dieses Vorgehen mit mehr Bürokratie verbunden ist und in nicht geringer Fallzahl auch nicht möglich sein wird. Dem erhöhten Verwaltungsaufwand stehen jedoch steigende Steuereinnahmen gegenüber, sodass das ehrgeizige Handeln des Gesetzgebers nachvollziehbar ist.

Deutlich wird durch die Maßnahmen, dass künftig ein hohes Maß an Transparenz gefordert wird. Der Steuerpflichtige sieht sich vielen neuen Meldepflichten ausgesetzt. Dem gegenüber stehen allerdings nur vereinzelt Vorteile, sodass für ihn im Ergebnis eine deutliche Mehrbelastung zu erwarten ist. Zudem verursachen die unterschiedlichen und teils konträren Maßnahmen ein hohes Maß an Rechtsunsicherheit. Unter diesen Gesichtspunkten ist ein Vorantreiben der gemeinsamen konsolidierten Körperschaftsteuerbemessungsgrundlage äußerst wünschenswert.

Zu begrüßen wäre weiterhin, einige Maßnahmen von politisch motivierten Aspekten zu bereinigen. Das würde besonders bei der schwarzen Liste der EU eine höhere Effektivität versprechen. Die eingangs zitierte Aussage des ehemaligen Bundesfinanzminister Wolfgang Schäubles trifft daher nur teilweise zu. Die Regelungskraft des Gesetzgebers kann sich nur insoweit vollständig entfalten, wenn auch ein Regelungswille gegeben ist und dieser einheitlich verfolgt wird.

Es sollte aber nicht unterschätzt werden, dass durch Datenleaks wie die Paradise Papers, die Panama Papers oder den Luxemburg Leaks das Entdeckungsrisiko stark gestiegen ist. Die Anonymität, die Dank komplexer Einschaltung von Basisgesellschaften gewährleistet wurde, wird deutlich eingeschränkt. Damit sollte auch die Motivation zur Begründung dieser Gebilde zurückgehen.

Möglichkeiten zur Verschleierung von Geldströmen gibt es, insbesondere vor dem Hintergrund der viel diskutierten Kryptowährungen, viele. Es wird unmöglich sein, alle Wege effektiv zu unterbinden. Allerdings stellen die aufgezeigten Maßnahmen einen guten und sinnvollen Anfang dar, Steuerumgehung zu vermeiden.

Literaturverzeichnis

Bauer, Ludwig M. (2017). Gegenüberstellung relevanter Steuerbelastungsde-terminanten von klas-sischer Betriebsaufspaltung und GmbH & Co. KG in: Unternehmenssteuern und Bilanzen (Zeitschrift) Nr. 16 vom 25.08.2017, S. 609 - 616

Baum, Michael (2016). Bekämpfung der Steuerumgehung mit Hilfe von Brief-kastengesellschaften in: Neue Wirtschafts-Briefe (Zeitschrift) Nr. 46 vom 14.11.2016, S. 3440 - 3442

Beckschäfer, Sebastian (2017). Gesetzgeberische Reaktion auf die „Panama-Papers" - Analyse aus Sicht des Steuerstrafrechts in: Zeitschrift für Rechtspolitik 2017, S. 41 - 43

Beckschäfer, Sebastian (2017). Gesetzgeberische Reaktion auf die „Panama-Papers" in: Zeitschrift für Rechtspolitik 2017, S. 41 - 43

Berges, Stefanie/Rotter, Markus(2015). BEPS-Aktionspunkt 2: Neutralisierung der Effekte hybrider Gestaltungen in: Neue Wirtschafts-Briefe (Zeit-schrift) Nr. 21 vom 21.11.2015, S. 802 - 812

Blumers, Wolfgang (2013). Aggressive Steuerplanung, – Vielleicht legal, aber jedenfalls verwerflich in: Betriebs-Berater (Zeitschrift) 2013, S. 2785 – 2788

Brähler, Engelhard(2010). Steuerplanung bei deutschen Direktinvestitionen in den USA in: Internationales Steuerrecht (Zeitschrift) 2010, S. 889 – 896

Czakert, Ernst (2017). Seminar B: Automatic Exchange of Information: a New Standard? In: In-ternationales Steuerrecht (Zeitschrift) 2017, S. 663 – 667

Dauses, Manfred A./Ludwigs, Markus (2017). Handbuch des EU- Wirtschafts-rechts, 43. Aufl. 2017, München

Duttiné, Tino/Partin, Viktoria (2017). EU-Richtlinienvorschlag zur Transparenz (Steuergestaltungen) mit für Deutschland untypischer Gesetzestechnik und mit Unklarheiten in: Be-triebs-Berater (Zeitschrift) 2017, S. 3031 - 3036

Gehrmann, Reinald (2016). Briefkastengesellschaft, NWB InfoCenter vom 30.11.2016, DokID: NAAAB-88600

Gosch, Dietmar (2015). Kommentar zum Körperschaftsteuergesetz, 3. Aufl. 2015, München

Gosch, Dietmar (2017). Zum Verhältnis zwischen § 42 AO und §§ 7 ff. AStG in: NWB Internationa-les Steuer- und Wirtschaftsrecht (Zeitschrift) Nr. 23 vom 08.12.2017, S. 876 - 878

Grotherr, Siegfried (2017). Erweiterungen der Anti-BEPS Richtlinie – ATAD 2 in: Neue Wirtschafts-Briefe (Zeitschrift) Nr. 8 vom 28.04.2017, S. 289 - 300

Grotherr, Siegfried (2016). Anwendungsfragen bei der länderbezogenen Berichterstattung – Country-by-Country Reporting in: Internationales Steuerrecht (Zeitschrift) 2016, S. 991 - 1008

Grützer, Thomas/Jakob, Alexander (2015). Compliance von A-Z, 2. Aufl. 2015, München

Haase, Florian (2018). Multilaterales Instrument, 2018, Heidelberg

Hagedorn, Axel/Tervoort, Adrianus (2017). Niederländisches Wirtschaftsrecht, 2017, Frankfurt am Main

Henssler, Martin/Strohn, Lutz (2016). Kommentar zum Gesellschaftsrecht, 3. Aufl. 2016, München

Herzog, Felix/Achtelig, Olaf (2014). Kommentar zum Geldwäschegesetz, 2. Aufl. 2014, München

Hold, Christiane/Harms, Sonja (2017). Praktische Herausforderungen bei der Erstanwendung von IFRS 15 in: Zeitschrift für internationale Rechnungslegung 2017, S. 113 - 118

Hügel, Stefan (2017). Beck Online-Kommentar zur Grundbuchordnung, 30. Edition 2017, München

Jacobs, Otto /Endres, Dieter /Spengel, Christoph (2016). Jacobs, Int. Unternehmensbesteuerung, 8. Auflage 2016, München

Jochimsen, Claus/ Kleve, Guido (2017). Steuerpraktiken und das Verbot unzulässiger Beihilfen – merkliche Zu-spitzung einer komplexen Fragestellung in: Internationales Steuerrecht (Zeitschrift) 2017, S. 265 – 272

Kahlenberg, Christian/Oppel, Florian (2017). ATAD: Erweiterung um Regeln gegen Hybrid Mismatches mit Dritt-staaten in: Neue Wirtschafts-Briefe (Zeitschrift) Nr. 23 vom 06.06.2017, S. 1732 - 1739

Klein, Franz (2016). Kommentar zur Abgabenordnung, 13. Aufl. 2016, München

Klippenberg, Johannes (2018). EU: Schwarze Liste über nichtkooperative Steuerstaaten und -jurisdiktionen veröffentlicht in: Internationales Steuerrecht - Länderbe-richt (Zeitschrift) 2018, S. 1

Kohnz, Christian (2017). Base-Erosion-and-Profit-Shifting (BEPS). Wie Apple, Alphabet und Co. Milliardengewinne ins Ausland verlagern, Hamburg 2017

König, Ulrich (2014). Kommentar zur Abgabenordnung, 3. Aufl. 2014, München

Kraft, Gerhard/Heider, Christian (2017). Das Country-by-Country Reporting und seine innerstaatliche Umsetzung im Rahmen des „Anti-BEPS-Umsetzungsgesetzes" in: Deutsches Steuer-recht (Zeitschrift) 2017, S. 1353 - 1361

Kratzsch, Alexander/Hielscher, Stephan (2007). Direktinvestitionen in den USA in: Neue Wirtschafts-Briefe (Zeitschrift) Nr. 32 vom 06.08.2007, S. 2731 - 2750

Kreienbaum, Martin/Fehling, Daniel (2017). Das Inclusive Framework on BEPS – ein neuer Akteur in der internatio-nalen Steuerpolitik in: Internationales Steuerrecht (Zeitschrift) 2017, S. 929 - 931

Kudert, Stephan/Birk, Michael (2017). Einsatz ausländischer Basisgesellschaften und Haftung des (faktischen) Geschäftsführers in: Internationales Steuerrecht (Zeitschrift) 2017, S. 6 - 12

Kuhn, Thomas (2015). Überschießende Umsetzung bei mindest- und vollharmonisierenden Richtlinien: Einheitliche oder gespaltene Anwendung? In: Europarecht (Zeitschrift) 2015, S. 216 - 238

Lappas, Marc/Ruckes, Andreas (2016). Die praktische Umsetzung des Common Reporting Standards in Deutsch-land in: Internationales Steuerrecht (Zeitschrift) 2016, S. 364 - 372

Merten, Hans-Lothar (2017). Vertreibung aus dem Paradies, 2017, München

Nienhüser, Werner/Schmiel, Ute (2011). Ökonomie und Gesellschaft, Steuern und Gesellschaft, Jahrbuch 29, Mar-burg 2017

Obermayer, Bastian/Obermaier, Frederik (2016). Panama Papers, 3. Aufl., Köln 2016

Peters, Sebastian (2017). Steuerliche Pflichten und strafrechtliche Risiken bei der Einschaltung aus-ländischer Basisgesellschaften in: Neue Zeitschrift für Wirtschafts-, Steuer- und Unternehmensstrafrecht 2017, S. 374 - 381

Pinkernell, Reimar (2013). Das Steueroasen-Dilemma der amerikanischen IT-Konzerne in: Interna-tionales Steuerrecht (Zeitschrift) 2013, S. 180 – 187

Raupach, Arndt/Pohl, Dirk/Ditz, Xaver/Gosch, Dietmar (2018). Praxis des Internationalen Steuerrechts 2016/2017, 2018, Herne

Rauscher, Thomas/Krüger, Wolfgang (2016). Münchener Kommentar zur Zivilprozessordnung mit Gerichtsverfas-sungsgesetz und Nebengesetzen, 5. Aufl. 2016, München

Reichert, Jochem (2015). GmbH & Co. KG, 7. Aufl. 2015, München

Schmidt, Carsten/Ruckes Andreas (2014). OECD Common Reporting Standard – Hintergrund, Eckpunkte und Praxi-saspekte in: Internationales Steuerrecht (Zeitschrift) 2014, S. 652 - 660

Schmidt, Carsten/Ruckes, Andreas (2017). Das Steuerumgehungsbekämpfungsgesetz – Hintergrund, Inhalte und Praxisaspekte in: Internationales Steuerrecht (Zeitschrift) 2017, S. 473 - 479

Schwarz, Bernard/Pahlke, Armin (2016). Kommentar zur Abgabenordnung, 2016, Freiburg

Seibold, Sabine (2003). Problematik der Doppelansässigkeit von Kapitalgesellschaften in: Inter-nationales Steuerrecht (Zeitschrift) 2003, S. 45 - 51

Severs, Martin H./Handel, Timo (2017). „Panama-Gesetz" – schneller Wurf mit Schwächen in: Deutsches Steuer-recht (Zeitschrift) 2017, S. 522 – 532

Spengel, Christoph/Stutzenberger, Kathrin (2018). Widersprüche zwischen Anti-Tax Avoidance Directive (ATAD), länderbe-zogenem Berichtswesen (CbCR) und Wiederauflage einer Gemeinsamen (Konsolidierten) Körper-schaftsteuer-Bemessungsgrundlage (GK(K)B) in: Internationales Steuerrecht (Zeitschrift) 2018, S. 37 - 44

Spengel, Christoph/Stutzenberger, Kathrin (2018). Widersprüche zwischen Anti-Tax Avoidance Directive (ATAD), länderbe-zogenem Berichtswesen (CbCR) und Wiederauflage einer Gemeinsamen (Konsolidierten) Körper-schaftsteuer-Bemessungsgrundlage (GK(K)B) in: Internationales Steuerrecht (Zeitschrift) 2018, S. 37 - 44

v. Schweinitz, Oliver/Schnieder-Deters, Ingolf (2017). Der Entwurf des Steuerumgehungsbekämpfungsgesetzes – Die Retour-kutsche des Gesetzgebers auf die „Panama Papers" in: Internationales Steuerrecht (Zeitschrift)
2017, S. 344 - 347

Wabnitz, Heinz-Bernd/Janovsky, Thomas (2014). Handbuch des Wirtschafts-
und Steuerstrafrechts, 4. Aufl. 2014, München

Winnefeld, Robert (2015). Bilanz-Handbuch, 5. Aufl. 2015, München

Rechtsprechungsverzeichnis

EuGH Urteil vom 21.12.2016 – C-20/15 P mit Anm. Spangler,

EuZW 2017, S. 219 - 225

EuGH Urteil vom 30.09.2003 - C-167/01, BKR 2003, S. 903 - 908

BVerfG Beschluss vom 15.12.2015 – 2 BvL 1/12, IStR 2016, 191 - 208

BFH Urteil vom vom 30.07.2003 – VII R 45/02, BeckRS 2003, 24000276

BFH Beschluss vom 11.02.2014 - II B 16/13, BeckRS 2014, 94633

BFH Urteil vom 17.01.2017 - VIII R 7/13, DStR 2017, S. 1024 - 1028

BFH Urteil vom 20. 3. 2002 - I R

38/00, IStR 2002, S. 597 - 602

BFH Urteil vom 20.03.2002 - I R 63/99, DStR 2002, S. 1348 - 1352

BFH Urteil vom 25. 2. 2004 - I R 42/02, DStR 2004, S. 1282 - 1286

BFH Beschluss vom 23.10.2002 –I R 39/01, BeckRS 2002, 25001351

Verzeichnis sonstiger Quellen und Hilfsmittel

Bundesfinanzministerium (2017). Standard für den automatischen Austausch von Finanzinformationen in Steuersachen - Anwendungsfragen im Zusammenhang mit einem gemeinsamen Mindeststandard sowie dem FACTA-Abkommen, BMF-Schreiben vom 01.02.2017, Az. IV B 6 - S 1315/13/10021

Bundesministerium für Finanzen (2017). BMF-Schreiben zum Standard für den automatischen Austausch von Finanzinformationen in Steuersachen vom 01.02.2017, Dok.-Nr.: 2017/0063603

Bundesrat (2016). Beschluss des Bundesrates zur Verbesserung der Transparenz bei Steueroasen und Briefkastenfirmen vom 22.04.2016, Bundesdrucksache 186/16

Bundesregierung (2016). Bericht der Bundesregierung über den G20-Gipfel in Hangzhou/China vom 4. bis 5. September 2016, abrufbar unter https://www.bundesregierung.de/Content/DE/_Anlagen/G7_G20/2016-g20-gipfel-bericht-bundesregie-rung.pdf?_blob=publicationFile&v=3

Deutscher Bundestag (2017). Entwurf eines Gesetzes zur Bekämpfung der Steuerumgehung und zur Änderung weiterer steuerlicher Vorschriften (Steuerumgehungsbekämpfungs-gesetz –StUmgBG), Drucksache 18/11132

Deutscher Bundestag (2017). Entwurf eines Gesetzes zur Bekämpfung der Steuerumgehung und zur Änderung weiterer steuerlicher Vorschriften (Steuerumgehungsbekämpfungs-gesetz – StUmgBG) vom 13.02.2017. Bundesdrucksacke 18/11132

Elster, Harald/Pestke, Axel (2017). Stellungnahme E 07/17 des Deutschen Steuerberaterverbandes e.V. zur Meldepflicht für grenzüberschreitende Steuergestaltungsmodelle: Richtlinienvorschlag der Europäischen Kommission vom 21.06.2017

Europäische Kommission (2016). Vorschlag für eine Richtlinie des Europäischen Parlaments und des Rates zur Änderung der Richtlinie 2013/34/EU im Hinblick auf die Offen-legung von Ertragsteuerinformationen durch bestimmte Unternehmen und Zweigniederlassungen, Dok. COM (2016) 198 final

Europäische Kommission (2017). Vorschlag für eine Richtlinie des Rates zur Änderung der Richtlinie 2011/16/EU bezüglich des verpflichtenden automatischen Informationsaustauschs im Bereich der Besteuerung über meldepflichtige grenzüber-schreitende Modelle, Dok. COM(2017) 335 final

Europäische Kommission (2017). Anhang des Vorschlags für eine Richtlinie des Rates zur Änderung der Richtlinie 2011/16/EU bezüglich des verpflichtenden automatischen Informationsaustauschs im Bereich der Besteuerung über meldepflichtige grenzüberschreitende Modelle, Dok. COM(2017) 335 final, ANNEX 1

Europäische Kommission (2017). Fair Taxation: EU publishes list of non-cooperative tax jurisdictions, Pressemitteilung vom 05.12.2017, IP/17/5121

Europäische Kommission (2011). Vorschlag für eine Richtlinie des Rates über eine Gemeinsame konsolidierte Körperschaftsteuer-Bemessungsgrundlage (GKKB) Dok.: KOM(2011) 121 endgültig

Europäische Kommission (2015). Mitteilung der Kommission an das europäische Parlament und den Rat über eine faire und effiziente Unternehmensbesteuerung in der Europäischen Union – Fünf Aktionsschwerpunkte, KOM(2015) 302 endgültig

Europäische Kommission (2016). Vorschlag für eine Richtlinie des Rates über eine Gemeinsame konsolidierte Körperschaftsteuer - Bemessungsgrundlage (GKKB) vom 25.10.2016, Dok. COM(2016) 683 final

Europäische Kommission (2016). Vorschlag für eine Richtlinie des Rates über eine Gemeinsame Körperschaftsteuer – Bemessungsgrundlage vom 25.10.2016, Dok. COM(2016) 685 final

Europäische Kommission (2016). Commission Staff Working Document, Impact Assessment, Accompanying the document: Proposals for a Council Directive on a Common Corporate Tax Base and a Common Consolidated Corporate Tax Base (CCCTB), 25.10.2016, Dok. SWD(2016) 341 final

Europäischer Rat (2017). The EU list of non-cooperative jurisdictions for tax purposes, Council conclusions vom 05.12.2017, Dok.: 15429/17

Europäischer Rat (2017). The EU list of non-cooperative jurisdictions for tax purposes: Report by the Code of Conduct Group (Business tax-ation) suggesting the de-listing of certain jurisdictions vom 12.01.2018, Dok.: 5086/18

Europäischer Rat (2016). Richtlinie (EU) 2016/1164 vom 12. Juli 2016 mit Vorschriften zur Bekämpfung von Steuervermeidungspraktiken mit unmittelbaren Auswirkungen auf das Funktionieren des Binnenmarkts

Evers, Maria Theresia/ Finke, Katharina/ Köstler, Melanie/Meier, Ina/Scheffler, Wolfram und Spengel, Christoph (2014). Gemeinsame Körperschaftsteuer-Bemessungsgrundlage in der EU: Konkretisierung der Gewinnermittlungsprinzipien und Weiterentwicklungen, Discussion Paper Nr. 14-112, Zentrum für Europäische Wirtschaftsforschung GmbH, 2014, abruf-bar unter http://ftp.zew.de/pub/zew-docs/dp/dp14112.pdf

Focus Online (2011). Tricksen Sie bei der Steuer? – Inter-view mit Wolfgang Schäuble, 2011, Magazin Nr. 46

G20 (2017). Erklärung der Staats- und Regierungs-chefs, Eine vernetzte Welt gestalten, 2017, Hamburg

International Consortium of Investigative Journalists (ICIJ). How Nike Stays One Step Ahead of the Regulators, Auszug aus den Veröffentlichungen der Paradise Papers, abrufbar unter https://www.icij.org/investigations/paradise-papers/swoosh-owner-nike-stays-ahead-of-the-regulator-icij/

Nike Inc. (2016). Geschäftsbericht nach Formular 10-K, abrufbar unter http://investors.nike.com/investors/news-events-and-reports/?toggle=reports

OECD (2017). Neutralisierung der Effekte hybrider Gestaltungen, Aktionspunkt 2 – Abschlussbericht 2015, Paris

OECD (2016). Verrechnungspreisdokumentation und länderbezogene Berichterstattung, Aktionspunkt 13 – Abschlussbericht 2015, Paris

OECD (2018). Guidance on the Implementation of Country-by-Country Reporting – BEPS Action 13, 2018, Paris.

OECD (2017). Standard for Automatic Exchange of Financial Account Information in Tax Matters, Second Edition 2017, Paris

OECD (2015). Mandatory Disclosure Rules, Aktionspunkt 12 – Abschlussbericht 2015, Paris

OECD (2017). Brief on the State of Play on the inter-national tax transparency standards, September 2017, abrufbar unter http://www.oecd.org/tax/exchange-of-tax-information/brief-and-FAQ-on-progress-on-tax-transparency.pdf

OECD (2015). Erläuterungen zum OECD/G20 Projekt zur Gewinnverkürzung und Gewinnverlagerung der Abschlussberichte 2015, abrufbar unter http://www.oecd.org/ctp/beps-erlauterung-2015.pdf

Oxfam (2017). Blacklist or Whitewash?- What a real EU blacklist of tax havens should look like, Briefing Note vom 27.11.2017, abrufbar unter https://www.oxfam.org/sites/www.oxfam.org/files/file_attachments/bn-blacklist-whitewash-tax-havens-eu-281117-en_0.pdf

Süddeutsche Zeitung. Das ist das Leak, Auszug aus den Veröffentlichungen der Paradise Papers, abrufbar unter https://projekte.sueddeutsche.de/paradisepapers/politik/das-ist-das-leak-e229478/

Süddeutsche Zeitung. Die Firma, Auszug aus den Veröffentlichungen der Paradise Papers, abrufbar unter https://projekte.sueddeutsche.de/paradisepapers/wirtschaft/kanzlei-appleby-in-der-kritik-e649023/

Süddeutsche Zeitung. Just Do It, Auszug aus den Veröffentlichungen der Paradise Papers, abruf-bar unter https://projekte.sueddeutsche.de/paradisepapers/wirtschaft/nike-und-die-niederlande-prellen-den-deutschen-staat-e116625/

Süddeutsche Zeitung. Motor der Ungleichheit, Auszug aus den Veröffentlichungen der Paradise Papers, abrufbar unter https://projekte.sueddeutsche.de/paradisepapers/wirtschaft/steueroasen-befeuern-ungleichheit-e198908/

Tagesanzeiger. Datenleck enthüllt heikle Schweizer Geschäfte, abrufbar unter https://www.tagesanzeiger.ch/wirtschaft/paradise-papers/riesiges-datenleck-enthuellt-heikle-geschaefte-von-schweizer-firmen/story/17977112

Unbekannt. Newsdienst Compliance, 51011.

Anhang

1. Übersicht des Nike Victory Coöoperatif U.A.
2. Gegenüberstellung ausgewählter Steuersätze von den Niederlanden und Bermuda
3. Jahresabschlüsse 2014-2016 der NEON B.V.
4. OECD - AEOI: Status of Commitments
5. OECD - Unterzeichnungen des MCAA

Anhang 1: Übersicht des Nike Victory Coöperatif U.A.

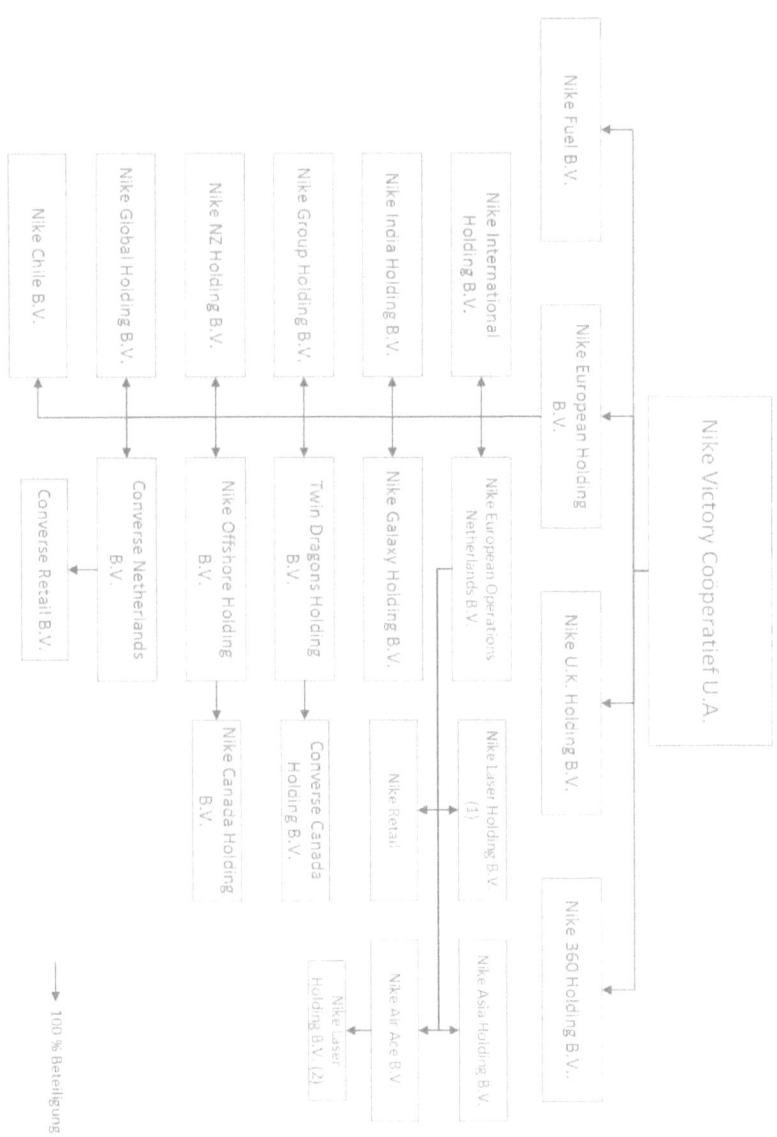

Quelle: Auszug aus dem niederländischen Handelsregister

Anhang 2: Gegenüberstellung ausgewählter Steuersätze von den Niederlanden und Bermuda

	Bermuda	Netherlands
EU Member	No	Yes
Currency	Bermudian Dollar (BMD)	Euro (€)
Corporation tax rate(s)	0 %	Taxable profits up to € 200,000 at 20 % Taxable profits over € 200,000 at 25 %
Tax rate on dividends from local investments	0 %	0 % if from qualifying participation or 20 %/ 25 %
Tax rate on dividends from foreign investments	0 %	0 % if from qualifying participation or 20 %/ 25 %
Withholding tax on dividend payments to foreign shareholders	0 %	15 %
Tax rate on interest income	0 %	20 % or 25 %
Withholding tax on interest payments to foreign recipients	0 %	0 %
Tax rate on royalty income	0 %	20 % or 25 %

Quelle: Auszug aus dem Online-Vergleichs-Tool für Steuersysteme der Plattform https://www.world.tax/comparisons/compare-tax-systems.php

Anhang 3: Jahresabschlüsse 2014-2016 der NEON B.V.

Nike European Operations Netherlands B.V. Geschäftsjahr	2016	2015	2014
	T€	T€	T€
Nettoumsatz	8.401.307	7.256.901	5.528.056
Kosten des Umsatzes	4.973.316	3.873.279	2.966.843
Brutto- Verkaufsergebnis	**3.427.991**	**3.383.625**	**2.561.213**
Personalaufwand		427.189	302.132
Andere Betriebskosten		1.986.388	1.334.488
Vertrieb und allg. Verwaltungskosten	2.435.576		
Betriebsergebnis	**992.415**	**970.048**	**924.593**
Sonstige Zinserträge und ähnliche Aufwendungen		68.916	9.978
Zinsgebühren und ähnliche Kosten		15.866	74.592
Außerordentliches Ergebnis	159.872	53.050	-64.614
Ergebnis vor Steuern	**1.152.287**	**1.023.098**	**859.979**
Steuern	380.334	326.294	285.264
Ergebnis nach Steuern	**771.953**	**696.804**	**574.715**

Quelle: Auszug aus dem niederländischen Handelsregister der Nike European Operations Netherlands B.V.

Anhang 4: OECD - AEOI: Status of Commitments

As at November 2017

AEOI: STATUS OF COMMITMENTS

The table below summarises the intended implementation timelines of the new standard.[1]

JURISDICTIONS UNDERTAKING FIRST EXCHANGES IN 2017 (49)
Anguilla, Argentina, Belgium, Bermuda, British Virgin Islands, Bulgaria, Cayman Islands, Colombia, Croatia, Cyprus[2], Czech Republic, Denmark, Estonia, Faroe Islands, Finland, France, Germany, Gibraltar, Greece, Guernsey, Hungary, Iceland, India, Ireland, Isle of Man, Italy, Jersey, Korea, Latvia, Liechtenstein, Lithuania, Luxembourg, Malta, Mexico, Montserrat, Netherlands, Norway, Poland, Portugal, Romania, San Marino, Seychelles, Slovak Republic, Slovenia, South Africa, Spain, Sweden, Turks and Caicos Islands, United Kingdom

JURISDICTIONS UNDERTAKING FIRST EXCHANGES BY 2018 (53)
Andorra, Antigua and Barbuda, Aruba, Australia, Austria, Azerbaijan[3], The Bahamas, Bahrain, Barbados, Belize, Brazil, Brunei Darussalam, Canada, Chile, China, Cook Islands, Costa Rica, Curacao, Dominica, Ghana[3], Greenland, Grenada, Hong Kong (China), Indonesia, Israel, Japan, Kuwait, Lebanon, Macau (China), Malaysia, Marshall Islands, Mauritius, Monaco, Nauru, New Zealand, Niue, Pakistan[3], Panama, Qatar, Russia, Saint Kitts and Nevis, Saint Lucia, Saint Vincent and the Grenadines, Samoa, Saudi Arabia, Singapore, Sint Maarten, Switzerland, Trinidad and Tobago, Turkey, United Arab Emirates, Uruguay, Vanuatu

JURISDICTIONS UNDERTAKING FIRST EXCHANGES BY 2019/2020 (3)
Albania (2020), Maldives (2020), Nigeria (2019)

DEVELOPING COUNTRIES HAVING NOT YET SET THE DATE FOR FIRST AUTOMATIC EXCHANGE (41)
Armenia, Benin, Botswana, Burkina Faso, Cambodia, Cameroon, Chad, Côte d'Ivoire, Djibouti, Dominican Republic, Ecuador, Egypt, El Salvador, Former Yugoslav Republic of Macedonia, Gabon, Georgia, Guatemala, Guyana, Haiti, Jamaica, Kazakhstan, Kenya, Lesotho, Liberia, Madagascar, Mauritania, Moldova, Morocco, Niger, Papua New Guinea, Paraguay, Peru, Philippines, Rwanda, Senegal, Tanzania, Thailand, Togo, Tunisia, Uganda, Ukraine

[1] The United States has undertaken automatic information exchanges pursuant to FATCA from 2015 and entered into intergovernmental agreements (IGAs) with other jurisdictions to do so. The Model 1A IGAs entered into by the United States acknowledge the need for the United States to achieve equivalent levels of reciprocal automatic information exchange with partner jurisdictions. They also include a political commitment to pursue the adoption of regulations and to advocate and support relevant legislation to achieve such equivalent levels of reciprocal automatic exchange.

[2] Note by Turkey: The information in the documents with reference to "Cyprus" relates to the southern part of the Island. There is no single authority representing both Turkish and Greek Cypriot people on the Island. Turkey recognizes the Turkish Republic of Northern Cyprus (TRNC). Until a lasting and equitable solution is found within the context of the United Nations, Turkey shall preserve its position concerning the "Cyprus issue".

Note by all the European Union Member States of the OECD and the European Union: The Republic of Cyprus is recognised by all members of the United Nations with the exception of Turkey. The information in the documents relates to the area under the effective control of the Government of the Republic of Cyprus.

[3] As developing countries that do not host a financial centre, Azerbaijan, Ghana and Pakistan were not asked to commit to 2018 exchanges, but later did so spontaneously.

Quelle: OECD, abrufbar unter http://www.oecd.org/tax/transparency/AEOI-commitments.pdf

Anhang 5: OECD – Unterzeichnungen des MCAA

**SIGNATORIES OF THE MULTILATERAL COMPETENT AUTHORITY AGREEMENT
ON AUTOMATIC EXCHANGE OF FINANCIAL ACCOUNT INFORMATION AND
INTENDED FIRST INFORMATION EXCHANGE DATE**

Status as of 15 January 2018

JURISDICTION FROM WHICH THE COMPETENT AUTHORITY IS FROM	INTENDED FIRST INFORMATION EXCHANGE BY: (ANNEX F TO THE AGREEMENT)
1. ALBANIA	September 2018
2. ANDORRA	September 2018
3. ANGUILLA	September 2017
4. ANTIGUA AND BARBUDA	September 2018
5. ARGENTINA	September 2017
6. ARUBA	September 2018
7. AUSTRALIA	September 2018
8. AUSTRIA	September 2018
9. AZERBAIJAN	September 2018
10. BAHAMAS	September 2018
11. BAHRAIN	September 2018
12. BARBADOS	September 2017
13. BELGIUM	September 2017
14. BELIZE	September 2018
15. BERMUDA	September 2017
16. BRAZIL	September 2018
17. BRITISH VIRGIN ISLANDS	September 2017
18. BULGARIA	September 2017
19. CANADA	September 2018
20. CAYMAN ISLANDS	September 2017
21. CHILE	September 2018
22. CHINA (PEOPLE'S REPUBLIC OF)	September 2018
23. COLOMBIA	September 2017
24. COOK ISLANDS	September 2018
25. COSTA RICA	September 2018
26. CROATIA	September 2017
27. CURAÇAO	September 2017
28. CYPRUS	September 2017
29. CZECH REPUBLIC	September 2017
30. DENMARK	September 2017

More information: www.oecd.org/tax/automatic-exchange/international-framework-for-the-crs/

SIGNATORIES OF THE MULTILATERAL COMPETENT AUTHORITY AGREEMENT
ON AUTOMATIC EXCHANGE OF FINANCIAL ACCOUNT INFORMATION AND
INTENDED FIRST INFORMATION EXCHANGE DATE

Status as of 15 January 2018

31. ESTONIA	September 2017
32. FAROE ISLANDS	September 2017
33. FINLAND	September 2017
34. FRANCE	September 2017
35. GERMANY	September 2017
36. GHANA	September 2018
37. GIBRALTAR	September 2017
38. GREECE	September 2017
39. GREENLAND	September 2017
40. GRENADA	September 2018
41. GUERNSEY	September 2017
42. HUNGARY	September 2017
43. ICELAND	September 2017
44. INDIA	September 2017
45. INDONESIA	September 2018
46. IRELAND	September 2017
47. ISRAEL	September 2018
48. ISLE OF MAN	September 2017
49. ITALY	September 2017
50. JAPAN	September 2018
51. JERSEY	September 2017
52. KOREA	September 2017
53. KUWAIT	September 2018
54. LATVIA	September 2017
55. LEBANON	September 2018
56. LIECHTENSTEIN	September 2017
57. LITHUANIA	September 2017
58. LUXEMBOURG	September 2017
59. MALAYSIA	September 2018
60. MALTA	September 2017
61. MARSHALL ISLANDS	September 2018
62. MAURITIUS	September 2018

More information: www.oecd.org/tax/automatic-exchange/international-framework-for-the-crs/

SIGNATORIES OF THE MULTILATERAL COMPETENT AUTHORITY AGREEMENT
ON AUTOMATIC EXCHANGE OF FINANCIAL ACCOUNT INFORMATION AND
INTENDED FIRST INFORMATION EXCHANGE DATE

Status as of 15 January 2018

63. MEXICO	September 2017
64. MONACO	September 2018
65. MONTSERRAT	September 2017
66. NAURU	September 2018
67. NETHERLANDS	September 2017
68. NEW ZEALAND	September 2018
69. NIGERIA	September 2019
70. NIUE	September 2017
71. NORWAY	September 2017
72. PAKISTAN	September 2018
73. PANAMA	September 2018
74. POLAND	September 2017
75. PORTUGAL	September 2017
76. QATAR	September 2018
77. ROMANIA	September 2017
78. RUSSIAN FEDERATION	September 2018
79. SAINT KITTS AND NEVIS	September 2018
80. SAINT LUCIA	September 2018
81. SAINT VINCENT AND THE GRENADINES	September 2018
82. SAMOA	September 2018
83. SAN MARINO	September 2017
84. SAUDI ARABIA	September 2018
85. SEYCHELLES	September 2017
86. SINGAPORE	September 2018
87. SINT MAARTEN	September 2018
88. SLOVAK REPUBLIC	September 2017
89. SLOVENIA	September 2017
90. SOUTH AFRICA	September 2017
91. SPAIN	September 2017
92. SWEDEN	September 2017
93. SWITZERLAND	September 2018
94. TURKEY	September 2018

More information: www.oecd.org/tax/automatic-exchange/international-framework-for-the-crs/

**SIGNATORIES OF THE MULTILATERAL COMPETENT AUTHORITY AGREEMENT
ON AUTOMATIC EXCHANGE OF FINANCIAL ACCOUNT INFORMATION AND
INTENDED FIRST INFORMATION EXCHANGE DATE**

Status as of 15 January 2018

95. TURKS & CAICOS ISLANDS	September 2017
96. UNITED ARAB EMIRATES	September 2018
97. UNITED KINGDOM	September 2017
98. URUGUAY	September 2018

More information: www.oecd.org/tax/automatic-exchange/international-framework-for-the-crs/

Quelle: OECD, abrufbar unter http://www.oecd.org/ctp/exchange-of-tax-information/MCAA-Signatories.pdf